素顔の武村正義

家族がみた政治家のあゆみ

〜笑顔と涙の物語〜

武村みゆき

京都新聞出版センター

滋賀県知事時代の広報用写真

大好きなカラオケで替え歌を歌って笑い転げる

はじめに

「真綿に包まれた水晶のような男」

義父の事を新党さきがけ初代メンバー田中秀征先生はそう評された。外への当たりは至って軟らかく茫洋としているけれども、その奥には硬質で透明なキラリと光るものを秘めている。人はこの水晶を見てしまうと、だれでも彼に対する信頼感が不動のものとなるのだ、と。「政治家・武村正義」ファンの私は、本当にその通りだと秀征先生の表現力にいたく感動したことだった。

でも家族の元に帰ってくるとき義父はいつも、水晶の部分をどこかに置き忘れてきたとしか思えないような、頼りないくらいフワフワな真綿だけの人になっていた。暖かく穏やかで、根が底抜けに明るく、よく冗談を言って自分で笑っていた。寝ぐせの髪でボタンを掛け違えたシャツでひょうひょうとそこに居た。

本書は、歴史に残るであろう日々に生きた、義父の素顔と周辺の事を記録したものだ。大蔵大臣当時、テレビのバラエティ番組で、義父の顔をした怪獣が人々に向かって火を噴いているアニメをみた。何てことだ、これが世間の義父のイメージなのかとショックを受けた私は、マキャベリストと呼ばれた義父が、実際の姿とかけ離れたギラギラ腹黒い悪役として歴史に名を残すことがないよう、どうしても書いておきたかった。義父も笑ったり無言になったりして一気に読んで「いつか、お世話になったみなさんに読んでもらえる機会があるといいね」と言って、私が間違えている箇所などを楽しそうにペンで修正してくれた。

いつかいつかと思いながら、あれから二十年以上の年月が流れてしまった。義父と一緒に喜ぶ事はもう叶わないが「さきがけ」誕生から三十周年の記念すべき年に出版させて頂けることになった。

難しい政治の話は書いていない。義父を知っている人も知らない人も気軽に手にとって、あの時代にこんな政治家がいたということを知って頂けたらと思う。

そして義父がよく口にしていた感謝の思いを、少しでも皆様の心にお届けすることができますように。

※この記録は、知事後半から衆議院議員引退頃までの期間の出来事を私が直接、義父からきいたり経験したりして書いたもので、実名で書かせていただいている方からきいた話ではありません。失礼な表現もあるかと思いますが、なにとぞご容赦くださいませ。

※昔の原稿に二〇二三年現在までの出来事を少々書き加えました。

※読みやすいよう、本文は義父のことを「父」、義母のことを「母」、私を産んでくれた母のことを「実母」と表現しています。

素顔の武村正義 家族がみた政治家のあゆみ　目次

家族と仲間たち

病魔との闘い

政治のうねりの中で

突然の引退表明

二〇〇一年七月二十九日、参議院議員選挙投票日の夕方のことだった。父から電話がかかってきた。

「今日は、みんな家にいるの…みんな元気にしていますか?」

「みんな元気ですよ。電話、誰かと変わりましょうか?」

父は、ちょっと無言になった。しばらく何か考えている様子だったが、

「いや、やっぱりいい。おかあさん（私の実母）は、明日、予定通り、草花八人会（女性後援会幹部会）の会合には出て来れそう?」

と、わざわざ、随分前から日程の決まっている会合のことをきいてきた。こんなことは今までなかった。

「母は出席すると言っていましたよ。その会合が終わってから、母も一緒にみんなで九州に行ってきますね」

翌日夕方、草花八人会の会合が終わったあと、大阪南港からフェリーに乗って、実母の郷里である鹿

児島へ私たち夫婦と子どもたち、そして実母の五人で出掛けることになっていた。

「そうか、来れそうか。明日から九州に行くって聞いたからね。それならよかった」と父が言った。

選挙対策の大事な会合になるのだろうとは思ったが、父の口調に何となくひっかかるものがあったので、私は「何かありましたか」ときいた。

父は「いや…。九州、楽しんでおいでね」と言って電話を切った。「何となく、お父さん、変だったよ」と、夫と実母に伝えた。


翌日、父と草花八人会で会合をして帰ってきた実母に、旅行仕度をしながら、「お父さん、何だって？何か特別な話があったの？」と聞いた。大事な話があったことは間違いないだろうという確信はあったが、いつものように楽しく話を聞かせてくれると思っていた。話を聞かせてほしい、と思っていた。ところが、実母は突然泣き出した。そしてしゃくりあげながら「引退されるって」と、言った。「えっ…」私は心底驚いた。その答えは全く想像していなかった。引退？　引退？　嘘でしょう。どうして今、この時期に？

私たちが九州へ行っている間の八月三日に、父は引退を表明して記者会見を行い、そのニュースを私は旅先で見た。「本当に辞めるんだ…」呆然とテレビ画面を見ていた。胸にぽっかり穴があいた気分だった。さみしかった。

父は、突然、引退しようと思い立ったようだった。

その十五年前、衆議院選挙に初めて出るときから、六十才を過ぎたら引退を考えます、と言っていた父だった。それは、父の信念のようだった。知事をしていた時は「権力は腐敗する。誘惑も多く、癒着などの温床になる危険性がある。自身が真っ白であるうちに辞めないといけない」と言って、知事の、自らの多選にも反対していた。でも、衆議院議員は首長である知事とは違う。ずっと頂点で仕事をするわけではない。やりたければいくらでもいろいろな方面の勉強ができ、一から仕事ができる。しかもその頃、政局はまだまだ不安定で、いつ与党と野党が逆転してもおかしくない状態だった。政権に癒着して腐敗するどころではなかった。

父は六十才になる少し前頃から、政権の中枢、日本政府の真只中にいた。父にとっての大きい仕事の一つである平成の政治改革は始まったばかりだ。いうなれば、やっと面白くなってきたところではないか。だから漠然とではあるけれど、もう父が自ら引退すると言い出すことはないのでは…と私は思いかけていた。

前回の総選挙で父に勝って初当選された小西哲衆議院議員は、まだ五十歳代前半だった。とてもお元気そうに見えていたのに、お気の毒にも体調をくずされ、衆議院議員に当選した直後からずっと入院しておられた。状態は大変悪く、次回の選挙には立候補されないだろうと、かなり確実な筋からの情報もあったが、まさかあんなに早く亡くなられて補欠選挙が行われることになるとは想像していなかった。反対に父は、その頃にはほとんど健康を回復していた。そして、話題はごく普通に次回の選挙の話になっていった。対抗馬すら決まっていないその補欠選挙で父が当選しないなどということは、まずありえないだろう。「政治家・武村正義」が復活する、と周囲は思っていた。きっと本人もそう思っていたはずだ。

それなのに父が引退すると言う。

選挙に負けて引退するのではなく、選挙に出ないということで引退するという形をとりたいと言う。三十年間選挙で負けたことのなかった父が、前回初めて選挙に敗れた。それから一年。まもなく行われる補欠選挙に出ないと言う。落選してからたった一年しか経っていないのだ。しかも落選した時の得票数は当選した前々回の票を上回っていた。ここで引退したら後世のひとは、選挙に負けて引退したと思うだろうと思った。私にはそれはとっても悔しいことのように思えた。あんな選挙が最後の選挙になるなんて、耐えられないと思った。

前回の選挙は、大病の直後で体調最悪だった。相手候補陣営に、肺がんだ、もうすぐ死ぬらしいと言いまわられた。父は肺がんでこそなかったが、本当に死にかけのような状態だった。でも死にかけているのは今だけで、あとは必ず回復すると信じていたので、選挙戦に出た。しかし、実際は選挙カーに乗ることもできないでいたし、選挙対策の会合や演説会等にもほとんど顔を出すことすらできなかった。
もしかしたら死に神が、当選したら連れていこうと選挙中待ち構えていたのでは…、と考えてしまったほど、当時の父は衰弱していた。もし父が当選していたら、衆議院議員の激務のため、命を落としていたかもしれないと思う。落選したおかげでというのも変だが、落選したから一年間ゆっくり静養ができた。そしてすっかり元気になった。

民主党首脳は、次回の選挙では比例の上位に名前を挙げるとまで言って引き止めてくれたそうだが、父は引退を表明した。理由は健康状態、だった。健康状態を理由にしないと、支持者の人たちが誰も引退を認めてくれそうになかったと言っていた。

最後の選挙の直前、約三ヶ月の間に心筋梗塞、肺膿瘍、腹部大動脈瘤破裂と立て続けに大きな病気が襲ってきた。どれひとつをとっても命の危険を伴う病気だった。それだけでなく、入院中には眼も見えにくくなり、眼科のお世話になった。歯も痛くなり、口腔外科にお世話になった。おまけに低温やけどまでして皮膚科のお世話になり、身体も痛くなって、整形外科のお世話になった。以前頭を打ったので脳外科のお世話になったたし、術後は眠れなくなって神経内科のお世話になった。血液をさらさらにするため、小児用バッファリンを飲みながら、父が「僕がまだかかってないのは、産婦人科くらいやなぁ」と情けない顔をして言った。

その頃はまだ、政治家には病気は絶対にあってはならないものだということが常識とされていた。健康が政治家の条件であると思っていた。だから、病気のことは、それぞれ他言無用で、秘密は墓場まで持っていこうと本人を含め、家族で堅く誓い合っていた。それを父は、引退を決意したとたん、ぺらぺらとあちこちで話した。昔から隠し事が嫌いで、そのせいで信じられないくらい隠し事の下手な父は、暗雲が晴れたような顔をして、話していた。話すとみんな引退を納得してくれるぞと言って嬉しそうにしていた。

腹部大動脈瘤破裂のことは新聞ですっぱ抜かれたので隠す必要はなかったが、心臓のことについては、私たち家族は、それぞれ、それまで秘密を守り通してきていた。特に入院中には、友達や親戚、お世話になっている方など、身内といえるほど父に近い方たちが心配して、泣きながら容態をきいてくださっても「ただの軽い肺炎です。大丈夫です。すぐなおると思います」と、あちこちで閻魔様もびっくりの大嘘をついてきていたので、父と支持者の方との引退理由説明の会合では、「秘密」を晴れ晴れと打ち明ける父を恨めしげに見て、身が縮む思いで座っていた。

父は引退を決意したあと、亡くなられた小西議員のお宅に伺い、お仏壇に手を合わせて、ご家族に小西議員の素晴らしかった人柄とご健闘を称えた。小西議員のお父様は「家族ぐるみでずっと武村先生を応援してきました。武村ファンでありながら対抗馬になってしまった息子を許してください」とおっしゃった。父は「政治の世界には普通にあることです。これからというときにどれだけ悔しかっただろう。立派な息子さんを誇りに思ってください」と言ってお父様の手を握り頭を下げた。

大蔵大臣退官の日

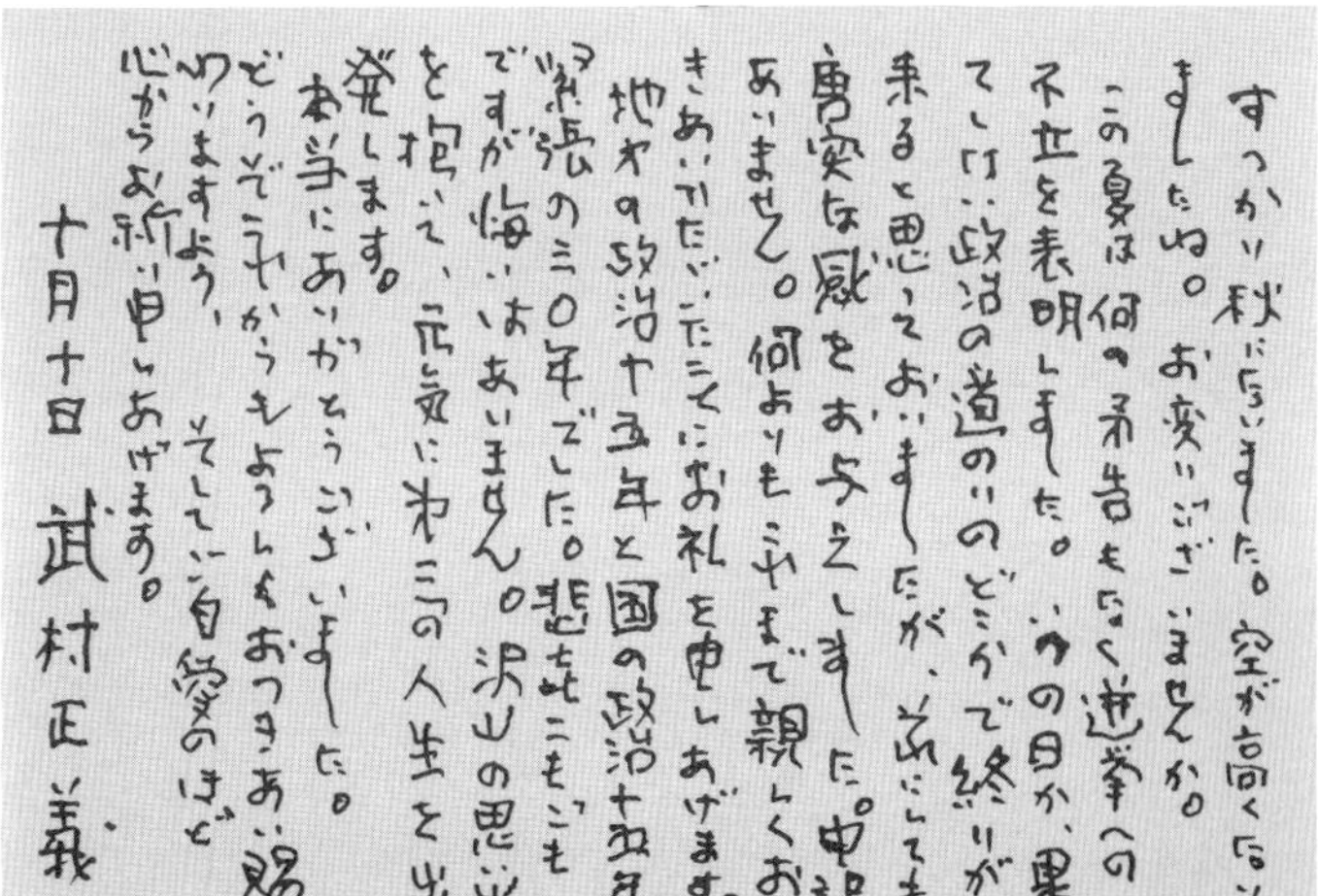

すっかり秋になりました。空が高くなりましたね。お変りございませんか。

この夏は何の予告もなく選挙への不出を表明しました。いつの日か、果てしない政治の道のりのどこかで終りが来ると思っておりましたが、それにしても唐突な感をお与えしました。申訳ありません。何よりもこれまで親しくおつきあいいただいたことにお礼を申しあげます。

地方の政治十五年と国の政治十五年。緊張の三〇年でした。悲喜こもごもですが悔いはありません。沢山の思出を抱いて、元気に残りの人生を出発します。

本当にありがとうございました。

どうぞこれからもよろしくおつきあい賜りますよう、そしてご自愛のほど心からお祈り申しあげます。

十月十日　武村正義

後援会幹部に送った自筆の引退挨拶状

新党の名前

新党さきがけができて政界があわただしくなり、父がマスコミに出ずっぱりになった日から半年ほどまえのことだ。

父が突然唐突に、「ドウダンっていうのは、満天星という意味らしいよ。庭にドウダンつつじっていう花があるやろ。白い小さい花がいっぱいあつまって咲いている姿が満天の星に似ているからだって」と言い出した。

父と親交のあった作家の司馬遼太郎先生がリベラルを日本語に直した「忠恕」という言葉が武村さんにぴったりだと言っておられたとか（忠恕とはまっすぐに人に優しいということを表す言葉だそうだ）、中国にはこんないい言葉があるんだよとか、その頃よく話題にしていた。新党の名前を考えていたのではなかっただろうか。新党ができた経緯についてほんとうのところを、何となくきいてはいけないような気がして、本人にきいたことはないけれど。

（司馬先生は著書「街道をゆく」の中で父のことを「武村正義という、滋賀県がもちうる最良の知事」と書いてくださっている。「武村さんは歴史上の人物だと大村益次郎かな」ともおっしゃったそうだ。）

司馬先生のことを少し書いておきたい。父が大蔵大臣として金融破綻、不祥事事件、住専問題など難行苦行の毎日だったある日、司馬先生からメッセージを受け取った。

「あなたはいま、最大の、そして最後の試練に直面している。頑張ってください」と書かれていて、大変勇気づけられたと言っていた。

父が住専問題で集中砲火を浴びたときも、司馬先生は産経新聞にこんな文を寄せられ、その文が掲載されたその日に他界された。

「住専の問題がおこっている。日本国にもはやあすがないようなこの事態に、せめて公的資金でそれを始末するのは当然なことである。その始末の痛みを通じて、土地を無用にさわることがいかに悪であったかを――思想書を持たぬままながら――国民一人一人が感じねばならない。でなければ日本国に明日はない（産経新聞「風」より抜粋）」

父が司馬先生の生前に贈ったバラは、庭先で綺麗に花を咲かせているそうだ。

父は時々ロマンチックなことを言う。さきがけができた時、他の党を離党してさきがけに入る決意をしたときに涙を流していた若い国会議員にむかって突然「空をみてごらん、星がきれいだねぇ」と言った。あんな顔をしているくせに、そういうことをさらっと言われるのですよと、その議員さんからきかせてもらった。その言葉に笑って泣いて、そして星を見あげて、本当に感動したと言っておられた。

自民党から飛び出して新党を作るようだと、テレビの中継で知ったとき、「満天星」という言葉を思い浮かべてしまった。わくわくわくわくわくした。

それにしても、あの隠し事の下手な父が、よく周囲に何も言わず無事当日を迎えられたことだと思う。後々、話がもれると事は成しにくくなると言っていた。実際、選挙に出馬することを家族に相談します、と言う人は、家族に反対されて出馬できなくなるケースが多いそうだ。あの人もこの人もそうだった、と、著名人や有名なタレントの名前を教えてもらった。

「さきがけ」という名前は、自民党を離党する数日前に初代メンバーの一人が提案し、「いいじゃないか」「ひらがなはどうだ」「よし、それでいこう」とみんなが賛成して、さっと決まったそうだ。父はそれまで「ユートピア」など色々考えていたが、自分の意見にこだわらず、「さきがけ」に賛成した。

母は「新党の名前? 名前どころか、何をするときも、何も相談なしで、勝手なことばかりするのよ」といつも言っている。勝手なことばかりしてきたので、今ごろになって、父は母には全く頭があがらない。

新党さきがけ結党の記者会見　1993. 6. 21

新党さきがけ結党前夜

硬膜下出血

大蔵大臣を辞めた直後、突然父の右半身が動かなくなった。小川郁夫秘書の息子さんが医師をしておられた慶応義塾大学病院で調べてもらったところ、頸椎のヘルニアだと診断され手術のため入院し、入院してから念のため脳を調べた。頭部硬膜下で出血が起こっていた。

硬膜下血腫除去手術をして父の身体は元どおり動くようになった。

さきがけ党首であり前大蔵大臣である父の入院は、絶対極秘にしてくださいと警察から言われた。厳重な警戒態勢がひかれていた。病院の出入り口やエレベーターホールにはさりげなく警官が立ち、奥にある病室へ続く通路の入り口にはＳＰ待機所が作られ、通路を通る人を呼び止め、チェックしていた。何号室と書かれた病室の扉を開けたところに部屋があり、そこにも警官がいた。

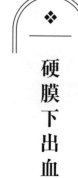

父のお見舞いに来てくださる方はあらかじめ武村事務所に報告し、決められた日時に病院の裏口から警官に案内されて入るシステムになっていた。父の病室は警護のために決められた部屋で、そこは以前、俳優の石原裕次郎さんが入院しておられた部屋だということだった。何だかドラマみたいだなぁと思って見ていた。

警戒は厳重だったが、その時はもう大臣ではなかった父は、何人もの警官が警護にあたってくださっているのを知らず、呑気に病室を出て食堂に行こうとしてSPに止められ、びっくりしていた。眼鏡を外したら、たいていの人が僕だと気付かないから大丈夫と思うんだけど怒られたなあと、照れくさそうに「へへへ」と笑っていた。

一生懸命リハビリをした。同じくリハビリで廊下を歩いている年配の患者さんに「ご主人、お互い頑張りましょうね」と大きな声をかけて、患者さんにびっくりされていた。

厳重な警戒態勢、というと、思い出すのが「さきがけ」を作ったときや大蔵大臣をしていた時に送られてきた脅迫状だ。「どこどこの演説を中止せよ。さもなければその場で殺害する」というような、具体的でぶっそうな内容のものも何度か送られてきた。日ごろはすっかりうちに溶け込んでいたSPの方たちの顔が日に日にけわしくなり、おそろしかった。実際、父にからんできた酔っ払いを暴漢と間違えたSPが、父を守るために人ごみで父を思いっきり突き飛ばし、びっくりしたこともある。父はそれでもあいかわらず飄々としたふうで、「やられるときはやられるとき。信念を曲げることはできないよ。運は天にまかそう」などと、たいそう格好のいいことを言っていた。

病院には政治家や、政府の高官や、いつもテレビで見る方たちが次々とお見舞いに来てくださり、財政や住専（住宅金融専門会社）問題などの話をされていく。何兆円、何千億円という金額の話が聞こえる隣の部屋で、私は「こうすれば生活費は安くなる」という女性雑誌の特集を熱心に読んでいた。ふとそんな自分を客観的にみてしまい、苦笑いである。

お客様が帰ったあとで父に「住専問題、大変ですね」と言うと、父は「日本の財政全体の問題に比べたら、住専なんてほんの一部分なんだよ。本当に頑張らないといけないのはこれからだ」と言った。

結局、国の財政赤字を憂うる前に、「住専に何兆円という多額の融資を行っていた農協に預金している国民を守らなければいけない、農協の金融部門が破綻したら、日本の信頼が無くなってしまう」と決断した住専への公的資金投入の問題が火種となって、国民のヒーローのようにマスコミにもてはやされていた父が、同じマスコミによって、いっせいに国民の敵にされ、集中砲火をあびていくことになった。国民の大切な税金をひとつの会社の不良債権処理にあてるなど、とんでもない税金泥棒だと連日報道されて、ムーミンパパと言われた父の人気はみるみる落ちていった。住専公的資金投入後、日経平均の株は鮮やかに上がり、父の決断を世界経済は評価してくれたのだが、テレビ番組はその点は報道してくれなかった。

硬膜下の出血は、「僕はテレビカメラにいつも囲まれているけれど、あの重いテレビカメラが思い切り頭にぶつかったことがある。それは目から火がでるほど痛くてね。きっとあの時が原因だろうと思うんだ」と、父は言っている。「でもあの喧騒では、カメラマンは僕の頭にカメラをぶつけたことなど気づいていないだろう」とも。

父は、マスコミによって、心身ともに深い傷を負ったのだと思った。

政権禅譲

村山富市総理大臣が引退を表明する数日前の一九九六年の正月だった。その年の二月に行われるパリサミットG７蔵相会議に、大蔵大臣として父が出席するものと思っていた私は「フランスに行って大統領に嫌がられないの?」と父にきいた。父は、以前に大蔵大臣でありながら、フランスの核実験に反対して、タヒチ島のデモに参加していたからだ。

父は「フランスへは行かないよ」と言った。

「何故?」と問うと、「聞かんといて」と言う。

父は、いつも言ってはいけないことがあるときは「聞かんといて」と言うのだが、その時もそう言った。

その日、父の家に、橋本龍太郎先生から電話があった。

私が電話をとると秘書からではなくご本人からで、私にまで丁寧な正月のあいさつをしてくださった。父はしばらく橋本先生と電話で話していたが、伊勢神宮参拝の日に会いましょうと言って電話を切ると、「橋本総理…か」とぽつりと言った。

たずねても「聞かんといて」と言うに決まっているから、私は聞こえなかったふりをした。

日本の歴史が動いていくのが感じられて鳥肌がたった。日本中の誰もがまだ全く考えてもいないことがおこる。次期総理になるかもしれない橋本先生すらまだ知らないことだ。歴史が動こうとしている…。

多分それがもうすぐおこるであろうということを、私が知ってしまったことが不思議な気がした。

伊勢神宮参拝の翌日一月五日に村山総理が退陣を表明され、内閣総辞職となった。その後橋本政権が誕生した。村山総理は心身ともに疲れきって、すっかり体調を崩されており、どうしても総理大臣を続けることができず、その頃はとても謙虚にみえていた自民党に政権を禅譲することになったのだった。

父の長い政治人生の中で、他にどうすることもできなかったのだとしても、私はこの決断は本当にどうにかならなかったのだろうかと思ってしまう。

箱根に佐野節夫先生という鍼の名医がおられた。残念ながら早くに亡くなられてしまったが、岸信介総理大臣が患者としてかかっておられたことから、岸総理の派閥をひきついだ清和会の代議士たちがたくさん鍼に通っておられ、佐野先生の東京南青山の診療所は、いつも大物代議士でいっぱいで、ちょっとしたサロンのようだった。

佐野先生はとても気さくで優しいお医者様だったが、えらそうだったり、人を見下すような態度の大きい代議士には、「帰ってくれ」と平気で追い返したりもする方だった。

父がその佐野先生を夜中にこっそり総理官邸に呼んで、村山総理に鍼をうってもらったことがある。佐野先生は「あのお身体で総理を続けろというのは、死ねというのと同じだよ」と言っておられた。

禅譲は、考えに考えたあげくの決断だったに違いないと思う。でも、何とか他に道はなかったのかと思う。タイムマシンがあったら、あの正月のあの時に戻りたい。そして父に他の道を何とか見つけてほしいと言いたい。

国際会議の風景。左から河野元自民党総裁、村山元総理、武村、橋本元総理。

排除の論理

東京から帰ってきた父を京都駅まで迎えに行き、久々に家族そろって、父の大好きなお餅を夏でも食べさせてくれるという鴨川沿いのお店に夕食を食べに出掛けた。もうすぐ父の誕生日なので、そのお祝いを兼ねていた。その日も勿論のこと、数日前からTVをつけると父と鳩山由紀夫先生の確執と、新党問題のニュースばかりやっていた。京都駅でも何十人もの記者、たくさんのテレビカメラに囲まれて、父は無言で歩いて来た。でも、表情はテレビより少し明るいかな、と思った。

父が車に乗り込んできて、開口一番に「心配かけているね。もう大丈夫だからね」と言った。

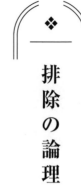

「何か進展したの？いいことがあったの？」と問うと、

「うん。さっき鳩山君と話がまとまった。今まで通り仲良く一緒に新党でやっていくことになったよ。ただ、まだマスコミには言わずにおこうということになったから、ニュースではいろいろ言うだろうけど、何も心配しなくていいからね。あぁ、よかったなぁ。」と心の底から嬉しそうだった。本当に久々にくつろいだ様子で、ごはんを食べて、遅くまでおしゃべりした。

思えば、この夜が、武村正義の政治家として上り続けてきた坂の頂点だったかもしれない。楽しく幸せな晩だった。

翌朝一九九六年八月二十五日、田原総一朗さんの番組に、鳩山先生が生出演していた。昨日の話を思い出し、あぁ、よかったなぁと思いながら、ぼけーっと画面を見ていた。

いきなり田原さんの大声が聞こえた。

「え、武村さんとは一緒にやらないということですか」

まだ私はぼーっと、裏で話がまとまっているから、鳩山先生が何て言っても大丈夫なんだよんなどと、のんきに考えていた。

ところが鳩山先生は「はい、武村さんには、新党への参加はご遠慮していただきたいと思っています。」と言った。

裏で話がまとまっている…んだよね？ と思いながらも、ちょっとどきどきしてきた。

田原さんは、はっきり言わせるために、念押しのように「武村さんとは、別の道を行くということですね？」というようなことを言い、鳩山先生は「はい」と言った。

私は何だか夢を見ている気分になりつつも動転しながら、車で移動中の父に電話をした。最初秘書の下仲善一さんが「おはようございま～す」と明るく電話に出られたので「今、鳩山先生がテレビで、武村さんとは一緒にやれないって言っているけど、これも打ち合わせしていたこと?裏ではまとまっているの??」とせき込むようにまくしたてた。

「えっ、ちょっとまって。先生と代わるわ。」すぐ明るく父が電話に出た。

「鳩山君のことは心配ないよ。…でも、何て言っているって?」

テレビからは田原さんの興奮したような声が聞こえ、鳩山先生との武村排除についてのやりとりが続いていたようだったので、テレビのボリュームをあげた。しばらくして電話の向こうから父が言った。

「どういうことや。昨日の打ち合わせと全然違うことを言っている…」

「とにかく今は電話を切るからね」と父が言い、受話器を置く音がした。


後に父がどこからか聞いてきた情報によると、鳩山先生は、私たちが幸せな時間を過ごしていたその晩、御母上に説得されたらしいということだった。父には何のフォローも言い訳もお詫びの言葉もなしに、全国ネットの電波を通じて、今現在、武村を排除する気持ちになっていることをしゃべってしまわれた。

のちに父が「鳩山君はその時思ったことをすぐ正直にそのまま言ったんだ。それがたまたまテレビだっただけだ。どういう結果になるかを考えなかったのは問題があるけれど。彼は優しい男だから、母親の言うことにはさからわないのだよ。母親の言うこともも っともだと思ったんだろう」としんみり言っていた。

鳩山先生が父を排除した出来事は「排除の論理」と言われ、その年の流行語大賞に選ばれた。私は笑顔で表彰を受けに行かれた先生を、テレビニュースで呆然と見ていた。

鳩山先生が武村を排除する発言をしたことで、さきがけ党内は揺れた。殆どの議員が鳩山先生に反発してくれたようだった。私は鳩山先生がひとりさきがけを離党して船田元先生と新党を作ることになるのだろうと思っていた。

ところが、厚生大臣だった井出正一先生が中心となりずっと手がけてきたさきがけのプロジェクト「エイズ問題」の最後のところを成功させ、マスコミでもてはやされて人気急上昇中だった菅直人厚生大臣が外遊から帰って来たとき、マスコミから「鳩山さんとは一緒にはなりませんよね」ときかれ、無言になってしまった場面をニュースで見た。あの時の私の絶望感をなんと言ったらいいだろう。

鳩山先生が離党し菅先生が離党し、民主党が誕生した。

社会党も分裂、殆どの議員が民主党に入り、父と同じく鳩山先生に排除された村山前総理など残った議員が社民党を作られた。民社党は民主党に合流した。

そして菅人気を追って、大勢の人がさきがけを離党した。前原誠司先生、枝野幸男先生らは、さきがけに残ると主張してくれたそうだが、父が、選挙基盤がまだしっかり確立してなくて、でも前途ある若者は、選挙で落とすわけにはいかない。やがて合流する日もくるだろうから、とりあえず先に行きなさいと民主党に入るよう説得した。

その後の総選挙で「さきがけ」は惨敗、さきがけに残った選挙に強いはずのサムライたちも皆ことごとく落選し、衆議院ではとうとう父と熊本の園田博之先生の二人だけになってしまった。

父は鳩山先生と臨んだ記者会見で、鳩山先生のことを「別れても好きな人」と言った。お互い嫌いで別れるのではないと。

私はカンカンに腹をたてており、何であの手ひどい裏切りを誰にも言わず、愚痴ることもせず、別れても好きとか言っていられるのっと父に尋ねた。父はさびしそうに笑って「政治家はね、そうしなきゃならない時ってものがあるんだよ。鳩山君もあの時がそうだったんだ。」と言った。

何年か後のこと。民主党から我が家に鳩山先生が表紙のパンフレットが送られてきた。

私は半分封筒から出しかけたそれを、即封筒に戻し、ぐちゃぐちゃに棒状にまるめ、ばんばんばんっとそのへんを叩き、ごみ箱へ突っ込んだ。そして、こうしたよと父に言うと、父がちょっとだけ嬉しそうに笑った。

さらに何年か後、父のところに一通の手紙が届いた。差出人は元内閣総理大臣の鳩山由紀夫先生。六枚の便箋に手書きで丁寧に書かれた手紙だった。

父は「僕の事、尊敬こそすれ、嫌ったことなど一度もない、民主党結党や政権交代など色々経験したけど、自民党離党の夜の感動を超えたものは無かったって書いてあったよ。彼もあの時は本当に感動してくれてたんだよ。よかったなぁ。…なんや、まだ怒ってるのか」と笑いながら私に言った。

警察

今は昔、私が純粋に警察に親しみを感じていた頃の話を少し。父が、新党さきがけ党首、官房長官、大蔵大臣だったとき、父にSPがついた。日ごろテレビで父をみかけるとき、父の斜め後ろで、いつもSPが恐い顔をして立っておられた。でも我が家に来られるときは、みなさん、とても穏やかで優しい雰囲気をもっておられ、テレビとは別人のようだった。

父が車で移動中、緊急の時は、SPがおもむろに助手席から赤くクルクルまわるライトを取り出し、車の上にひょいと置く。すると個人の車が一瞬でパトカーのようになる。あのライトは、本気でほしいなあと思った。

父が帰郷するときには、滋賀県警のパトカーが、父とSPを乗せた車の前後をはさんで走る。それぞれのパトカーには後部座席まで警官が乗っておられた。他府県に行く場合、その県境では、その都道府県のパトカーが待機していて、父の車をはさんで走って来たパトカーと交代して父の車をはさむ。演説会場などには、その方たちとは別の警官が事前から立ち、警備にあたられていた。

父の家の鍵を開けて家に入ろうとした夫が、走り寄って来た数人の警官に取り押さえられたこともあった。「五、六人の警官が、ばたばたっと駆け寄ってきて、いきなり羽交い絞めにされて、ポケットとか身体とかばんばんばんってたたかれた」と夫が苦笑いしていた。

父が我が家に来る時には、必ず数日前から大勢の警官が庭や家を隅々まで調べに来た。父が見るだろうと予想される本や資料は、留めてあるホチキスの針まで危なくないか調べられたし、父が家にいる間は家の周辺に警官が立ち、ものものしい雰囲気につつまれた。

その頃、父の出張先に、一才になった娘をつれて面会に行ったことがある。父は、講演するホテルの一室で休憩していた。部屋の前まで、警官がいっぱいいで、ものものしい雰囲気だった。右に左にお辞儀をしながら部屋に入り、部屋ではしばらく父といつものように楽しくすごして、父が部屋を出る時間になった。

「じゃあ、Yちゃん、じじいはそろそろお仕事だからね。またね」と父が言い、部屋を出た。そうしたら、いきなり娘が「じいじ、待ってちょうだい」と父を呼び止めた。父と、十名以上の警官がいっせいに振り向いた。が、娘はひるみもせず、まっすぐに父を見て「まだお靴が上手にはけないの。履かせてちょうだい」と言った。
「そうかそうか」と父が笑いながらしゃがみ込んで履かせてくれたが、これがまた不器用でなかなか履かせられない。その間、警官のみなさんは直立不動で待っておられたのだった。娘や、おかあさんは冷や汗だらだらだったよ…。

選挙が近づくと、警察もぴりぴりした雰囲気になってくる。実母が警官に尾行されたことがある。選挙違反をしたら、即捕まえるためじゃないか、と、選挙参謀の人が言った。
選挙違反というと、料亭でお金を積み上げてにんまり笑う場面を想像したりしてしまうが、たとえば身内でコーヒー一杯をおごっても、友達の家を訪ねても選挙違反になる期間があるそうだ。

実母は警察に出向き、「私に尾行がついているようで、ご苦労様でございます。私は、どこまでが選挙違反になるのか、詳しくわかっていませんので、せっかく後をついていてくださるなら、違反をする前にそれはだめだと教えてくださいね」と言った。その時から実母に尾行はつかなくなった。そして残念だが、実母は自分で選挙制度を勉強しなければならなくなった。

私もときどき、「スピード違反でつかまったが、何とかお父さんの力でもみけしてもらえないか」というような頼みごとをされた。

父の立場、父の性格から考えて、そんなこと絶対無理。ダメに決まっているでしょう。国会議員の仕事を誤解してはいらっしゃいませんかと、気の小さい私はそんな当たり前の言葉を口にできず、そのつど、「夫もスピード違反をして、今、免停なのです。おまけに、義姉の夫も免停で、そろって教習所に通っています」と、身内の恥を宣伝するはめになった。

うわさ話

名前が知られるようになると、どうしてもあちこちで色々うわさ話が出てきたりするようだ。恐妻家の父にも、いくつかの醜聞がたち、怪文書が出たり、週刊誌で書かれたり、国会で質問されたりした。

「銀座の美人ママを囲っている」といううわさがたった時のことだ。週刊誌にも書かれた。

いつもは周囲の女性との色々なうわさ話を、笑い飛ばしたりため息をついたりしていた父だった。よくこんなに想像したり、話を作ったりできるなあと言っていた。

ところがこの時はめずらしく「いったい誰のことだ？　どういうことや？」と驚いていた。全く身に覚えがなく、知らない人だったからだ。私立探偵よろしく政策秘書の小川郁夫さんが、調査に乗り出した。

そして「先生、まんざらでっち上げでもありませんでしたよ。美人ママっていうのは、本当でした。

きれいな人でしたよ」と言って笑いながら戻ってきた。

真相はこうだ。父と母は、全く家計を別にしている。一緒にすると父がすぐに使ってしまうから、というのが母の言い分なのだが、親の代からの歯医者で父よりずっと稼いでいる母が東京の赤坂に所有している賃貸マンションの部屋を借りて住んでいるのが、銀座の美人ママだったという。父とは全く面識がなかった。「よくそんなネタを探してくるものだ。すごい」と皆で感心したり納得したりして大笑いしたことだった。


週刊誌の見出しに、武村があぁした、こう言った、と大きく出るたびに「ほぉ」「全くしらんなぁ」「よく調べてくるなぁ。すごいなぁ」と感心しきっているのが面白かった。何を書かれても、父を信頼していたので全然心配にならなかった。


ところが、とんでもないうわさで、一晩大騒ぎした出来事があった。

のんびりくつろいでいた普通の晩のことだった。秘書の下仲さんから電話がかかってきた。「何かきいたか」と言う。

「何かって何?」

下仲さんは「いや、きいてなかったらいい。もう少し確かめてからまた電話するわ」と言って、すぐ電話を切られた。

何だったのだろうと家族みんなに「下仲さんから変な電話があった」と報告しているところに、地元選出の衆議院議員、奥村展三先生から電話がかかってきた。「みゆきちゃん、親父が倒れたってほんまか。今度はほんまに危ないって、ほんまか！！」

血の気がひいた。へたへたとその場で座り込んでしまった。

さあ、それから家の中は大騒ぎになった。父は東京にいるはずだった。父の携帯に電話をかけつづけたが、全く出ない。その日、父と一緒にいるはずの町田朱実秘書の携帯も家も、東京の依田清運転手も小川秘書にも電話がつながらない。母や姉の家に夫が電話をかけたら、どちらの家もすでに誰かから連絡がはいっており、パニックになっていた。

うわさをきいた新聞社やテレビ局から、国会議員の先生方から、次々電話がかかってきた。これだけ騒がれるのはすごいことだと後で思ったが、そのときはそれどころではない。

「病院に運ばれたんだろうか」「またお腹でも破裂したんだろうか」

大病を経験した父のことだから、あれこれ考えると、もう居てもたってもいられない。

「おかあさん、落ち着いて。もし、じいじに本当になにかあったんだったら、あけみおねえちゃん（町田秘書）が、連絡くれないはず、ないやん」と娘が言った。そりゃその通りだ。その時はまだ小学生だった娘が、一番冷静で的確な判断をしていた。さすが私の娘である。

「心配かけたみたいだねぇ」と、夜中を過ぎた頃、父から電話がかかってきた。「ひゃあ、生きてた！！」と叫んで、また腰が抜けたように座り込んでしまった。

その夜父は、東京事務所のみんなと、イタリアンレストランで楽しく会食をしていたそうだ。何故か全員携帯電話の着信に気づかず、夜中にそれぞれの電話の着信履歴数をみて仰天し、何があったかを知ったそうだ。

何故、そんなうわさが駆け巡ったのかは未だに謎だ。その後日、もう一度、また倒れたといううわさがたちかけた。これだけビックリ仰天心臓ひっくり返りの経験をさせていただくと、もう、「狼がきたぞ」のうそつき少年にしてやられた気分である。もし本当に倒れても「またやまたや」となりそうなので、絶対に突然倒れることのないようにしてもらいたい。頼みますよ、お父さん。

それからもうひとつ。自民党が郵政解散総選挙で歴史的大勝をして、組閣が行われる前日のことだった。京都駅で小泉純一郎総理と父が、ばったり会った。たまたま同じ新幹線にのりあわせていた。

小泉総理が片手をあげて「やあ、武村さん」と声をかけられ、父は「やあ、小泉さん。財政赤字を憂うる会のことを覚えていますか」と言った。

「もちろん覚えていますよ。」「郵政の次はそちらの方も、がんばって頼みますよ」総理が「がんばります」と言われ、十五秒ほどの会話だった。

それだけのことが、翌日各新聞の「総理の行程」に載った。「京都駅ホーム・武村正義元蔵相」とあるのを見た人からの問い合わせで、武村事務所の電話が鳴りっぱなしの状態になった。

「組閣前に総理と何を話したのか」「入閣の打診か」「また武村が、陰でなにか動いているのか」等々。

父の周りは、まだまだにぎやかだ。

宇野総理大臣

宇野宗佑先生が内閣総理大臣になられた時はこんな身近な方がと驚いた。当時私は、総理大臣というものは、天皇陛下と同じくらい雲の上の人だと思っていたからだ。才知満ち溢れた方だと聞く一方で、「でも宇野先生は僕の反面教師」と、失礼なことだが父はそう言っていた。

いつのことだったか忘れたが、記念式典で、舞台上に並ぶ出席者に宇野先生が順番ににこやかに握手していかれ、父の順番になってすっと真顔に戻り素通りされたのを目撃してしまった。「僕は宇野先生に嫌われているんだ」と父は言っていたが、実際にそんな場面を見て、父からきいていた通りだと思った。

初めて父が衆議院議員選挙に出馬した時、自民党の公認をもらえることになり、東京に向かうため新幹線に乗ったところ、名古屋あたりで公認をもらえなくなったと知らせを受けた。父は何も言わなかったが、父の周辺では「宇野先生が動かれたのでは」と、憶測が飛び交った。宇野先生は当時の自民党総裁、中曽根康弘総理大臣の派閥に属して総理の近くにおられたからだ。

父は無所属で戦い、投票日寸前になって父の優勢が新聞等で報じられてから、やっと自民党からの公認がおりた。公認をもらえなくなった時の父の呆然とした表情、公認がおりた時の憮然とした表情が忘れられない。

借りていた個人演説会場が、開会寸前になって使えなくなったこともあった。選挙カーで父が到着しても父に会いに集まっているはずの人たちが誰もいないということもあった。他にもいろんなことがあった。武村選挙対策事務所では当選を阻む他陣営の妨害だと頭を抱えていた。もしかしたら妨害してくるのは日頃武村に厳しい宇野先生ではと誰かが言いだした時、父は「宇野先生は、陰で意地悪されるようなそんな方ではないよ」と言った。

父が知事になったばかりの頃、ある席で宇野先生が父と向かい合って座られた。座ると父のネクタイをじっと見つめて「知事さん、そのネクタイはいくらしましたか」と尋ねられた。父が「千円くらいです」と答えると、「あなたはいったい、いくら給料を貰っているのですか。せめて一万円位のネクタイをしないと。県民の代表が千円のネクタイでは県民が恥ずかしいですよ」と言われたという。「○○先生（某若手有名政治家）が僕と会談した後、あんな安物の背広を着ている男とは交渉しないって言ってはったらしいよ」と父が言っていたことがある。そんな永田町をよく知っている宇野先生のご指導だったのだろうと思う。

政府の要人を知事が接待する会合の準備中、席順についても「知事さんは何も知らなくて本当に困る。田舎の知事だと馬鹿にされてはいけない」と宇野先生に人前で厳しく叱責されたそうだ。

父の冗談に宇野先生が笑われることは一度もなかった。父にとっては本当に厳しい先輩でいらした。

父が自民党の国会議員だった頃、自民党に梶山静六先生という大物代議士がおられた。どこかで会うと、すれ違うときに、必ず一言嫌味を言われると父は言っていた。父が2期目でありながら、自民党の環境部会長をしていたとき、環境派としてはどうしてもブラジルで行われる地球サミットに出席したかったが、「政治改革委員会が忙しい今、政治改革委員会事務局長のくせに、行かせるわけにはいかない」と大反対されて、結局行くことができなかった。

ものすごく悔しかったようで、「まるで宇野先生だ」と言っていたが、父が病気をして入院したとき、梶山先生がお見舞いに駆けつけてくださったのでびっくりした。たくさんのお見舞い品もいただいて、恐縮してしまった。

父がさきがけ時代、「財政赤字を憂える会」を超党派で結成したとき、一番に入会の申し込みをされたのが、小泉純一郎元総理と梶山先生でもあった。

宇野先生が亡くなられ、父も引退してからは時々「やっぱり宇野先生は懐かしいなあ。後輩に色々と教えようとしてくださっていたのかもしれない。あれだけ叱られたから忘れられないし、何よりも一つ一つ叱られる理由があるのがわかってきた。一度ゆっくりその理由を聞いてみたかったな」と洩らすことがある。

宇野宗佑先生、山下元利先生、そして武村正義が衆議院議員だった時の滋賀県の政界は、華やかだったなと懐かしく思い出している。

宇野先生とは関係がないので余談になるが、父が衆議院議員の一年生だった時のことだ。父は一日も休むことなく、朝から晩まで動き通し、働き通しだった。夜中は本を読んで勉強していた。

長い地方自治の経験もあり、大物政治家や、伊東正義先生、後藤田正晴先生などの政界の長老が父を大事にしてくださって、仕事がしやすい環境でもあった。新人でありながら新人らしくなく、当時からたいそう目立っていたように思う。

ある時、一年生議員を集めて後藤田先生に講師をしていただく勉強会を企画した。ほとんどの議員に出席の返事をもらい、後藤田先生も「よろこんで行かせていただく」とおっしゃって、当日を迎えた。

あと数時間で始まるという時になって、事務所に一本の電話がかかってきた。

「後藤田事務所の斎藤と申します。大変申し訳ないことですが、後藤田に急用ができまして、本日はお伺いさせていただくことができなくなりました」ということだった。

慌てて父に報告した。父は考えてから、「よし、今日は中止だ。参加してくれる予定の議員にお断りしてくれるか」と言った。

私ともう一人の女性秘書平尾右似子さんが大急ぎで電話をかけまくって参加者全員にお断りして、それから後藤田事務所に電話をかけた。「今日は後藤田先生においでいただけないので、中止ということにいたしました」と言うと、秘書の方が「え？今日は中止なのですか？」と怪訝な声でおっしゃる。

「後藤田先生に来ていただける時に、もう一度お願いしようということになりました」と言うと、「今日は、後藤田は、お伺いさせていただく予定になっておりますが」と言われた。

「は？　後藤田事務所の斎藤秘書という方からお断りの電話がありましたが…」「うちには斎藤なんて秘書はおりませんよ」「……。」

その旨父に報告し、再び全ての参加者の事務所に電話をかけ、やはり本日行うことになったと連絡して、無事会合はひらかれた。

国会議員だけに声をかけた会合なので、うその電話をかけてきた「斎藤さん」も、声をかけた国会議員に関係のある人であることは間違いない。それが何だ。悪質な妨害、程度の低い嫌がらせではないか。

こんな人が日本国を背負う仕事に関わっている人の周囲に居るのか。

何だか、腹がたつというよりあきれ返ってしまって情けなくなり、ぐったり力が抜けてしまった。

まあ、そんなこともあったのだった。

総選挙の手伝い

父は政治家人生三十年間で九回、選挙戦を戦っている。市長選挙を一回、知事選挙を三回（初回のみ激戦で、あとの二回は無投票当選だった）、衆議院選挙を五回だ。八勝一敗。私にはつくづく最後の一敗が残念に思えてならないが、数字的にいうと、贅沢な話なのかもしれない。

私は、衆議院選挙からお手伝いをさせていただいた。武村の支持者としては新参者だ。

総選挙用のポスター

初めての選挙は裏方で、知事公邸から借家への武村家の引越しから始まり、ばたばたと走り回った。夢中であっというまに日がたっていて、実は何をしていたのかあまりはっきり覚えていない。けれど、当選した「武村候補」が、その一年前に亡くなった私の祖母の形見である車に乗って、選挙事務所に到着して万歳の嵐に包まれた場面だけは、鮮明に覚えている。

二度目の衆議院選挙は、選対本部でどっぷりと手伝った。この時に夫と知り合い、三度目からは子育てに追われて、ほとんど選挙を手伝うことができなかったので、私の選挙経験は、この二回目に集約されている。

選挙公示日の一ヶ月以上前から準備に入った。大津市と候補の地元八日市市に選挙対策事務所のプレハブが建ち、県内全市町村に支所が置かれた。朝七時頃から人があつまりはじめ、夜は毎日帰宅が十二時を過ぎた。男性の方たちはもっと遅くまで、時には泊り込んで、会議会議の毎日だった。

選挙というものは公示から投票までの、選挙カーが走り回る間のことをいうと思っていたので、実は、公示以降はもう終盤戦だということがわかって、目からうろこの思いだった。

選挙事務所の中は「先生」であふれかえる。事務を担当しておられた男性に「あの方は何の先生ですか?」ときくと、「何の先生かわからんけど、とにかく先生と言っておけば間違いない」と教えてもらった。

あちこちの団体や個人に、公認や為書きをいただきに行き、選挙事務所の壁一面に貼った。会議でどんどん練られてくるたくさんの企画を次々パソコンに打ち込んだり、支持者名簿を整理したり、新聞記事を切り抜いたり、信じられないほど大量の書類や地図をコピーしたり、来客の受付け、鳴りっぱなしの電話の応対、取次ぎ等、目がまわるほど忙しかった。昼の休憩時間には千羽鶴も折った。順番に誰かが壊れて、「ええい空気を吸ってくるっ！」と部屋から出て行った。が、普段の事務所内はいつも和気藹々としていて、明るく、特に若い人たちはまるでクラブ活動のように、必死で動きながらもいつも笑いのネタを振り撒いていていて、楽しかった。

それは、全員が、武村候補を当選させるという一つの目標に向かって動いていたからだろう。候補が事務所に入ってくると、いつも、春が来たような暖かい空気に包まれた。

選挙が公示されると、忙しさはまた違った空気となる。

武村候補本人は、朝から地元の神社に参拝した後、選挙事務所で第一声をあげて選挙カーに乗り込む。

公示の当日、掲示板に貼る位置がくじ引きで決められると、運動員がポスターを抱えて（当時はまだ中選挙区制だったので）県内各地にちらばり、ポスターを掲示板に貼っていく。そして、それまで県内の至る所に貼らせて頂いていたポスターを撤去する。公示日以降は掲示板のポスター以外は選挙違反となるのだ。

全市町村に置いた選挙事務所との連絡や綿密な打ち合わせ。朝は運動員が七時前から県内全ての駅前に立ち、支持を訴える。自転車で走り回って支持を訴える銀輪部隊、商店街を練り歩く桃太郎作戦、清掃しながら町を歩く清掃班。配布物に証紙を貼り、はがきの宛名を書き、電話で支持を依頼する人々。運動員休憩所に居てくださる人々。昼間のミニ集会に夜の個人演説会。いくつかの大規模の集会。一体、どれくらいの人数が動いていたのだろう。もちろんほとんどの人がボランティアである。

選挙カーの先導や随行も大きな役割だ。毎朝違った駅で立つ候補が八時に駅で演説を開始。演説が済んだら候補を乗せて「武村武村」と連呼しながら夜の八時まで県内各地を走る。走行スケジュールは選対事務所で練られていて、指示通り走る。途中、支持者の方々が集まっておられる場所に立ち寄り、候補が演説をしたりもする。

総選挙の風景

真夏でも真冬でも、それこそ吹雪でも車窓は全開。先導車も後続車も同じく全開だ。白い手袋をはめて窓から全力で手を振る。昼食の休憩まで車は止まらないので極力飲み物は口にしない。運動員の昼食の間も、選挙カーは数人を乗せて走り続ける。

私も何度か車上運動員をさせていただいた。「武村、武村、武村でございます」とアナウンスもさせてもらった。「はいはーい、武村は私でございます」と父が合いの手をうったので吹き出してしまい、先導車に乗っていた責任者の方に、えらい怒られました。

「大勢で待っているのに予定の時間に選挙カーが来ない」「一軒に何枚はがきを送ってくるのや、もったいないやないか」「わしの方があんたよりずっと武村の支持者や。失礼な。いまさら誰に向かって頼んでいるのや」「掲示板以外のポスターがまだ貼ってあるぞ」…反武村からの電話よりも、支持者の方からの苦情の電話の方が多かったように思う。

電話を受けると私は即「少々お待ちください、責任者とかわります」と言って保留にし、「どなたかお願いします！」と受話器を掲げるのだが、その度「先生方」は目を合わせないようにし、聞こえないふりをされるのだった。実際、苦情をきいている時間は先生方には全くなさそうだったが。

このときの選挙は、「宇野総理大臣」に負け、「売上税反対」の連合の候補に負け、三位で当選した。前回の選挙が圧勝だったため、名誉回復に必死の宇野陣営などと比較して楽勝ムードに流されたのが原因だったと言われた。テレビで当選が伝えられ、候補が事務所に到着し、万歳はしたものの、悔しくてそっと涙をぬぐっている運動員もいた。

「当選できたのに悔しいなんて思わないでください。みなさんのお陰で当選させていただきました。本当にありがとう」と父はみんなに挨拶したけれど、私たち支持者は、やっぱり悔しかった。

その後、三度目の選挙は新党ブームで空前の得票率をあげて圧勝。その選挙ははじめての候補者不在の選挙だった。父は他候補者応援で日本中を回っていて自分の選挙に帰って来れなかったので陣営が危機感をもって戦った。その次は初めての小選挙区制で圧勝。これは本人不在もさることながら、民主党の誕生、さきがけの衰退で、危機感漂う選挙だった。

そして、五度目で落選となる。たぶん誰も父が落選すると思っていなかった。相手候補は、前回圧勝した時と同じ、新人の小西哲先生だった。危機感を募らせないといけない、安心ムードに流されると危ないといわれる選挙のこわさをつくづく味わったのだった。

演説

父との初対面で実母が「知事は演説が下手ですね」と思わず言ってしまった、どうしよう…としょんぼり反省しているのを見て、あきれるやら驚くやら笑うやらだった私であるが、その時、まだ学生だった私は、知事の演説などはきいたことがなく、それがどんなものなのか全く理解の外だった。

夫が思い出して言う。初めて三十六才で市長選挙に立候補した時の演説の下書きを読んだら、「僕は、市民のみなさんのロボットになりたい」と書いてあったそうだ。みなさんの手足になって働きたいということかな…まだ小学校の低学年であった夫だが、ちょっと笑ってしまった、と笑う。

「市長選挙の出陣式だったと思うけど、おとうさんがいきなり『はぁあぁぁるのおぉぉがわはぁぁさぁらさはぁあらいくよほぉぉ』と震えた声で歌い出したのが、何と言っても一番印象に残っている」と義姉も言う。

父と出会ってからは、私は父の講演をきく機会があれば、あちこちききに行くようになった。全然下手じゃないやん。その頃には、もうとても上手だった。

私は人前で話しするのがとても苦手だ。自分だけでなく、身内が人前で演説すると、自分のことのように緊張して時々気分が悪くなってくるほどだが、父の演説は最初からとても安心して聞いていられた。新宿駅前、銀座の街中、京都河原町交差点。聴衆に向かって話しかける父を遠くから見るのが好きだった。党首の頃は、選挙期間中に全都道府県を全てまわって演説をした。でも下手だった頃を知らないのがちょっと残念に思ったりする。

引退してからも講演はもちろん、大学の講義、選挙の応援などで全国をとびまわっている。時々、外国で講演もする。

先日の選挙で久々に父の演説をきいた。とてもとても上手だった。現役の頃より上手で力強いと思った。父の話で、各党のむずかしいマニフェストの違いがよくよくわかった。何故父がこの候補を応援しているのか、よくわかった。現役の頃は肩に力が入り、歯に衣きせて話すことも多々あったように思うが、今は言いたい放題、きいていて小気味良い。

それにしても多忙の中、あれだけ全ての党のマニフェストを完全に理解していることにも驚いた。これからも武村正義の講演、演説をきく機会があったら、是非たくさんの人にきいていただきたいと思っている。演説をきいた後で、きいていた自分が少し賢くなったような気持ちになること、うけあいである。

そんな父だが、ある講演で「一番前に町田さん（父の秘書）が座ってるなぁ」と思ったとたん、「頭の中が真っ白になって、何を喋ったらいいのか忘れてしまった」そうだ。あんなことは初めての事で、冷や汗をかいたと言っていた。会場の後ろの席でその演説をきいていた私は父の異変に全く気付かなかったが、父にもそんなことが一度だけあった。「何とか喋ったけど大変やったなぁ。これからは、何を喋るか、見出し程度は書いたメモ持っとかなあかんな」と言っていた。

父は、政界を引退したあと、京都の龍谷大学、徳島の徳島文理大学、東京の麻布大学で大学生を相手に教鞭をとっていた。毎週父の講義が受けられる学生が、ちょっとうらやましかった。

東京の一橋大学前、大学通りにて遊説　1998. 1. 14

小沢一郎先生

父たち十名の仲間が自民党から飛び出し、「新党さきがけ」を結党した翌々日、小沢一郎先生たちも新生党を結党して自民党を出られた。以来、父と小沢先生は、ことごとく対立していくことになった。

マスコミからも、よく比較の対象にされた。小沢先生の著書「普通の国」と、父の著書「小さくともきらりと光る国、日本」。小沢VS武村。

表だっては対立しているようにみえても、それはマスコミが面白おかしく作り上げたでっち上げで、本当は仲が良いということもあるだろうと最初は思っていたが、父は本当に、小沢先生を苦手なようだった。

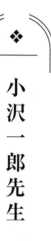

小沢先生のことを、目を見て話をしてくれない。いつも硬い表情をして、必要以上の会話がなりたたない。とりつくしまがない、すぐ会話を打ち切ろうとされると言っていた。

父は明るい性格で、それは根っから明るく陽気でひょうきんで、いつも冗談をとばしている。小沢先生は、さぞかしうっとうしかったことだろう。二人の様子がどんなだったか、なんとなく想像できる。

民主党が出来て、父のまわりが静かになったある日、小沢先生が衆議院議員の奥村展三先生に「武村さんと会わせてもらえないか」と言われたそうだ。父が「てんちゃん」と呼んで親しくしていた、後に文部科学副大臣をつとめた奥村先生は当時民主党役員室長で、小沢先生がテレビに映るときには、必ず先生の後ろで小沢先生とよく似たお顔で映っていた人だ。（奥村先生の選挙事務所には小沢先生と並んだ奥村候補のポスターが貼られていて、支持者の人が「どっちが展三先生かわからんなあ」と冗談を言って運動員を笑わせていた。）

小沢・武村会談が実現し、政権を離れた二人が、はじめてゆっくり話し合った。そして、「あの時、もっとこうしてお互い話ができていたら、理解しあえたら、きっと歴史は変わっていただろう」と、小沢先生がおっしゃったという。

父が政界を引退し、旭日大授章を頂いたときには、小沢先生が主催して、田中真紀子先生、鳩山先生、菅先生らと共に祝宴をひらいてくださった。

かつての小泉自民党歴史的圧勝の総選挙で、小沢先生が奥村先生の応援のため滋賀に入られた。そのとき小沢先生が、是非、武村さんをその場に呼んで欲しいと希望され、ＪＲ近江八幡の駅前で、小沢・武村両氏が並んで立つ姿を見ることができた。

小沢先生が「あの時、同じ気持ちで自民党を飛び出した。いろいろあったけれども、武村さんと同じ候補を応援して同じ志でここにこうしているなんて、夢のようだ」と演説された。

かつて一党支配だった自民党の幹事長で、歴代の総理大臣が挨拶に伺っていたという政界の権力者、大先輩に、ほとんど無名の新人だった父が反旗を翻したのだ。そんな事を思い出しながら、小沢先生の懐の深さに感動した。さきがけができたあの日。新生党ができたあの日。新進党ができたあの日。羽田内閣ができたあの日。村山内閣ができたあの日…。たくさんの思い出がぐるぐる思い出されてきて、ほろっと胸があつくなった夕方だった。


「うちとけて話をしてみると、小沢さんは、話しやすい人だった。ひとの話をじっときいて、そして最後に自分の意見を言われる。あの当時は、お互いぎくしゃくしていて、話ができなかった。武村さんを誤解していた。こんなに素晴らしい人だとは思わなかったと言わはったぞ」と、父が言った。

当時父が毎日新聞で連載していた手記にそのことを書けばいいのにと言うと、「自分で自分を誉めるようなことは、自分では書けないんだよ」と照れくさそうに言った。

藤山寛美先生と草花の会五千人の集い

父の後援会はいろいろあるけれど、その中に女性だけの後援会、「草花の会」がある。井田季子さんを会長とし、当時は井田さんを含む九人の幹部が中心となって組織されていた。県内に数万人の会員を有する巨大後援会だ。少人数のグループ会合ひとつひとつに父が直接顔を出し、全ての会員と話ししてきた。世の中のことを勉強するという志をもった九人から始まった女性たちの集まりは、凄い熱気をもって、どんどん巨大化していった。

オウム真理教の麻原彰晃が出馬して話題になった平成二年の総選挙、自民党にいて、まだ全国的にはほとんど無名だった父にとって二度目の衆議院選挙の時、「草花の会の集い」をしようという話が持ち上がった。父が、集める人数は五千人にしよう、と言った。一言で五千人というけれど、五千人というのは凄い数だ。寒い冬の平日の昼間、大津の体育館にそれだけの女性が集まってくれるものだろうかと正直不安だった。

当日、雪が降った。それも半端な雪ではない。大雪だ。もともと父は「雨男」といわれており、何か大きい行事をする度に、大雨だったり嵐だったりした。本人も自覚していて、知事の時のびわこ国体開会式の前には、国体の成功と雨よけの願いを込めて、山上不動の滝に打たれに行ったほどで、おかげで降らなかったぞとずっと自慢しているが、「草花の会五千人の集い」の当日は、大雪であった。会場の体育館の玄関は雪で埋まった。中止にしようかという意見も出てきたが、父の兄が「やろう」と決断した。

滋賀県南部には、めったに降ることのない雪だった。その南部の会場でもすごい状態なのに、山間部の雪は本当にすさまじかったようだ。道は凍結し、高速道路は大渋滞した。

やがて、開始時間となった。会場の一階席に三分の一程しか人がいない。ゲストでおよびしていた中山太郎外務大臣、松竹新喜劇の大スター藤山寛美先生、オバケのQ太郎の声でお馴染みの歌手、天地総子先生らは、すでに到着されており、楽屋裏では、開始を遅らせるかどうかの議論とゲストの接待、バス会社からの連絡の対応等におわれ、バタバタしていた。

藤山寛美先生は、「草花の会」メンバーであるお茶の先生がたてたお茶を飲まれ、「美味しいです。もう一杯いただけませんやろか」と言われ、二杯目を美味しそうに飲み干されたあと、「さて、時間になりました。幕を開けてください」とおっしゃった。

「申し訳ありません、まだ、予定の人数の半分も会場に到着されていません。貴重なお時間だと思いますが、どうかもうしばらくお待ちいただけないでしょうか。藤山先生がそうおっしゃっていることは、すぐに武村に伝えて参ります」と、恐縮しながら申し上げたところ、藤山寛美先生は、こうおっしゃった。

「違うのです、私の時間のことではありません。こういう商売をしていると、お客様を待たせていると、胸が痛くなるのです。私が前座をつとめます。幕があけられないなら、幕の前でしゃべります。もちろん本番でもちゃんとしゃべります。せっかく時間どおりに来てくださった支持者の方をお待たせしてはいけません」

スタッフ一同は感動してしまった。歴史に残るほどのスターでありながら何という謙虚さ、何という見事な方だろう。

父と藤山寛美先生は以前から大変に仲が良く、選挙のたびに応援に来てくださった。武村後援会のために、一座と共に彦根、長浜、八日市、大津の各所で無償でチャリティ公演をして、「武村に関するギャグ」を連発して武村支持者でいっぱいの客席を沸かせてくださったこともある。「武村さんは私の趣味だから。こっちがお金を持ってきたいくらいだ」と言って、お礼などはまったく受け取ってくださらなかったそうだ。

選挙の時、個人演説会場でサインを求めた人に、「今、サインさせていただく時間がございませんので、この人（付き人）に貴女のご住所とお名前をおっしゃっていただけないでしょうか。あとで必ずお送りさせていただきます。失礼なことを言いまして、申し訳ありません」と言っておられるのも目撃した。そのときもすごい方だと思ったが、でも開会前のこのときには、ほんとうに最高に感動した。そして藤山先生は言葉どおり、開会の前にお一人で舞台に立って、少ない客席にむかって楽しいお話をしてくださった。そして本番でも、満杯の客席を沸かせてくださったのだった。

そして、その日のその舞台が、その直後に倒れられた藤山先生にとって、人生最後の舞台になってしまったときいた。

一階席がようやく埋まりかけた頃「草花の会」幹部、神田和子さんの司会で一時間遅れで開会した。開会後、どんどんバスが到着しはじめ、どんどん人が入ってきた。トイレの前に長い長い行列が出来た。みなさん、バスに閉じ込められてどんなに大変だっただろうと思うと、気の毒で気の毒でしょうがなかった。

熱気あふれる草花5000人のつどい

やがて、集いもラストを迎えた頃、会場はぎっしりと人でうまり、入れない人がロビーにあふれかえった。

父がガンバローコールに送られ、舞台から客席に降りてきて会場の後ろのドアから退場する。その時の熱気と歓声と拍手。感動で涙がとまらなくなり、父の姿もよく見えなくなった。それからも、バスが何台も到着し、父は駐車場で、バスから降りてきた人たちに感謝とねぎらいの言葉をかけ続けた。

一九九〇年二月一日。その日、集まった女性は八千人を超えた。

◆政治のうねりの中で

おおらかな日常

車

市長時代には自転車市長とあだ名がついたくらい自転車を愛用していた父である。八日市市長時代に全国で初めて「自転車都市宣言」を行った。自転車専用の道路やレーンを設置し、市民に無料で自転車を貸し出す運動を展開した。

百キロ近くある体格で自転車を乗りこなす姿はどことなくユーモラスだったが、忙しくなるにつれ車で移動することが多くなり、自転車に乗る機会は少なくなっていった。

知事時代からつい最近までは運転をしてくださる専属の人がいたので、自ら運転をする必要はなかったが、実は若い頃免許をとった。ペーパードライバーのまま更新を忘れていて、もう一度講習に通い、免許をとった。二回もとったぞと威張っているが、二度目の更新も忘れてそれきりになった。

実は留学先のドイツでも国際免許を手にしていたのだった。

東京大学の学生時代、自動車産業研究会というものを作り、日産の会社で社長とかけあい、車を一台寄付してもらっておきながら、あっという間に事故でつぶしてしまい、自動車産業研究会も消滅してしまったという経歴を持っている。ドイツのアウトバーンでも車をぶつけたそうだ。

もっと年をとって、完全に隠居したら、家族の運転手をしてやるぞと言っているが、世の中の迷惑になりそうなので、それは絶対遠慮しようと思っている。


車に乗っている時の父は、とてもリラックスしている。

知事時代はあちこちで歌を披露する機会がたくさんあったので、運転手さんに曲を選んでもらって車の中で練習していた。何種類もの新聞を隅々まで読むのも車の中だった。

知事の時は一年で十万キロ以上の距離を走った。滋賀県の道は、本当に狭い田舎の道も抜け道もほとんど知っているのが自慢であった。

ある日、いつも知事の運転をしている方ではなく、副知事の運転手の方が運転しておられた。「緊張しませんか」と尋ねると、「すごくリラックスして笑わせてくださるので、知事の運転は楽しいです」とおっしゃったので笑ってしまった。


私が免許とりたての娘だった頃、知事を乗せて運転していて、前を走っていた車（しかもベンツ）にぶつけたことがある。ゴメンナサイ。

でも父にとって大きな交通事故は大蔵大臣時代におきた。無免許のボリビアの青年が、前後をパトカーにはさまれて、SP同乗で走っている父の車に信号無視で激突した。違反が重なったのはいけないとしても、間が悪すぎて、気の毒なくらいである。父は後ろの座席と前の座席の間にスポッと落ちてはまり込んだらしい。後続車のパトカーから見ていた警官が「大臣が消えたと思った」と言っておられた。

私はテレビの臨時ニュースでそれを知った。驚いて事務所に所在を確かめると、家に帰っているという。すっとんでいくとむちうち症状の父が「えらいめにあったわぁ」と照れくさそうに笑っていた。へなへなと腰が抜けた。単にむちうちで済んでよかった。

お見舞いの電話がたくさんかかってきたが、社民党の土井たか子先生が、ニュースで見たと言って、もの凄く心配した声で、一番にかけてきてくださったのを覚えている。

衆議院議員になってからの東京での運転手は依田清さん。依田さんは父の前には自民党の大臣の運転手をつとめておられたベテランである。父が一年生議員になってまだ間もない頃、依田さんが某元厚生大臣の車を追い越した。その大臣の運転手は依田さんの方が先輩なので道を譲ったらしい。ところが乗っていた父の先輩である元大臣は承知せずに怒り出し、しばらく「武村は一年生議員のくせに生意気だ」とあちこちで言いふらされたという。運転手さんの世界にも色々あるのだと改めて認識した。

父が「ねぇ○○さん」と、後部座席から運転手さんに呼びかける声は本当に優しかった。現在、父は専属の運転手のいる生活からはなれ、ほとんど電車と徒歩で移動している。慣れるとそれはそれで楽しそうだ。

三十年間、白手袋をはめた大柄な運転手さんが運転する真っ黒に光る車が私の中ではいつも父とセットであったが、健康的な今の父の姿を見ていると、不思議と淋しい気持ちになることもない。歴代の運転してくださっていた方たちとは、これからも楽しくプライベートでお付き合いさせていただくだろうけれども、これまでの安全な運転に心から感謝の言葉を申し上げたい。

好きな食べ物

父はスパゲッティが大好きだ。とにかくスパゲッティさえあればご機嫌にしている。イタリアで行われたナポリサミットに出席したとき、スパゲッティを食べに村山総理をつれまわし、お気の毒に総理がおなかをこわされて病院に運ばれたことがあった。父はスパゲッティがずっと続いても全く平気だ。パスタ全般ではなく、乾麺をゆでた普通の細長いスパゲッティが好き。「イタリアではね、スパゲッティとアルデンテさえ喋れればたいてい大丈夫だよ」と言っている。よく注文したのはアラビアータなどのトマトソース系とニンニクのきいたペペロンチーノ。

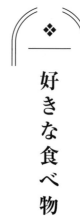

若い頃は寿司を四十個食べたとか、大盛うどんを三杯食べたとか、あちこちの店で逸話を残しているが、最近は、量的にはそれほど多くない。

味にはたいしてうるさくないが、父の病後に私が、なんとか一口でたくさんの食材が食べられるようにと具をつめまくって焼いたお好み焼きは、「あれは不味かったなあ」と、未だに思い出すと言ってくれる。美味しかったという話はよくするが、不味いという話は滅多にしないので名誉なことだと思っておく。が、いつもは味には本当にうるさくない。父のことを「タケミシュラン」と誰かが言っていた。「あのお店、美味しい？」「タケミシュランは美味しいと言っておられた」「うーん」とこんな具合。そんな会話を聞きながらタケミシュランはへへへと楽しそうに笑っている。

味にはうるさくないが、ただ、出し方にはちょっと注文がある。それは大きい器に一品をどさっと盛ることである。細かく少量上品に盛られた料理はどうもいけない。ある日、わんこそばを食べに行ったときの事だが、店員さんに頼んで大きい器を貸してもらい、こっそりと全部の小皿のそばを大きい器に移し変えて、あっというまに平らげてしまった。

美味しいと評判のイタリアンレストランを前原誠司先生に紹介してもらい、喜んで出掛けたところ、「大きなお皿に凄く上品におしゃれに盛った料理が少量ずつ出てくる店だった、美味しくてもあれは僕らには向かん」と言う。僕らの「ら」って誰のことだろう。私はそういうのは大好きだ。「先生と一緒にしないでくださいね」と秘書の町田さんにも言われていた。

そんななので、ちょっとずつ美しく詰められた幕の内弁当は「あかん」らしい。

最近はたまに自分で料理を作ったりすることがある。人生、いろいろ楽しんでいる。昔、炊飯器から溢れるほどの白米を焚き、梅干が丸のまま三個も入った爆弾のような特大のおにぎりを握って皆を驚かせてくれたことがあるが、最近は色々失敗しながらも美味しいものを食べさせてくれることがある。特におはぎは絶品だった。

私は成功品をいただけて喜んでいるが、食べ物を決して捨てることのできない母は、失敗作を捨てることができず、我慢して食べていて、ちょっと、いや、かなり迷惑そうである。

スパゲッティ以外で父の好きな食べ物として私が思い浮かぶのは、冬瓜の味噌汁、里芋の煮つけ、茄子とニシンの煮物。母の作る餃子。すっぱいすっぱい古漬けといわれるぬか漬け。そして西瓜とアイスクリーム。寿司、ウナギ、牛肉も好き。アルコールは赤ワインを少々。外国の朝ごはんにはオートミール。ケーキなどの洋菓子より素朴な和菓子が好き。「細川さん（元総理大臣）はおしゃれな人だから洋菓子が好きやったなあ」と時々懐かしそうに言っている。

父が高校生の頃、八日市にハート焼きという、ハートの形をしたお菓子を焼いて売っている店があった。自分の日の丸弁当は売れそうになかったので、一年後輩だった久田元一郎さん（永源寺町の元町長）の美味しそうな弁当を売って得た小銭を握り締め、憧れのハート焼きを買って友達と分けあって食べた。「僕も一緒に買いに行ったんだよ。楽しかったなあ」と、弁当を売られた久田さんが嬉しそうに思い出話をしてくれた。

余談だが、久田さんは父が高校で無期停学の処分を受けたとき、自宅で謹慎している父に一目会えないものかと家の塀をよじ登って父の兄に怒られたことや、父が卒業した後は、武村ロスに陥って大変だった話などもきかせてくれた。そしてのちに政治家になった父の秘書として、いつもニコニコと父と行動を共にしておられた。

八日市の父の生家では、お盆には今でも砂糖をまぶした「しんこ」という団子を作ってくださる。米粉と餅粉を練って蒸したものである。父がこよなく愛する食べ物の一つだ。

ムーミンパパからの手紙

政界で活躍していた頃、特にメディアに顔が出るようになってからは、全国から本当にたくさんのお手紙をいただいた。プレゼントもたくさん送っていただいた。中でも父の愛称でもあるムーミンのグッズは山のようだった。ぬいぐるみやフィギュアにはじまり、目覚まし時計、カップなどの食器類、バッジやカレンダーや文具…。部屋がムーミンでうめつくされた。私など感涙ものである。

ムーミングッズに囲まれ、朝、スノークのおじょうさん（ムーミンのガールフレンド）の声の目覚まし時計に「朝よ、起きなさい」と起こされている父を見るのはちょっと楽しかった。

あのムーミンの数々は、今でも武村家の宝物だ。

父は、若い頃は、パイプで煙草をふかしており、百八十センチ、百キロ近い巨体で、ほよよんとした顔で椅子にすわっている姿は、ムーミンパパそっくりだった。市長時代に若い女性がそう言い出して、いつのまにか父の愛称はムーミンパパになった。父の地元事務所には「ムーミンハウス」という名称がつけられた。

大蔵大臣で頑張っていたある日のこと、なんと、ムーミンパパ本人からジャパニーズ・ムーミンパパへと、父に手紙がきた。ムーミンパパより、と、ムーミンの作者、トーベ・ヤンソンさんが、フィンランドから突然激励の手紙をくださったのだ。もう大大大感激だった。

その数年後、幼稚園児になった子どもたちにムーミンの絵本を読み聞かせながら「じーじはムーミンパパから手紙をもらったことがあるのよ」と誇らしげに言うと、きょとんとした子どもたちが「うちの幼稚園もムーミンからもらったよ。いい子にしてますかってトーマスやアンパンマンからもきた」と言って、全然喜んでくれなかった。家宝にしておくから、もっと大きくなったら感動してね。

ムーミンのイラストの便箋に、金色の文字で書かれた直筆の手紙の全文を翻訳していただいたので紹介しておきたい。

パイプを咥えるジャパニーズ・ムーミンパパ

日本のムーミンパパである　大蔵大臣　武村正義さん

一九九五年二月　フィンランドのムーミンパパより

拝啓

ヘルシンキにあります貴国の大使館で、友であり、敬服すべき大任を務めておられる貴殿は、一身を捧げて琵琶湖の保護のために闘っている闘志であることを聞きました。

実は私も同じように闘志なのです。ただし、私の場合は海の保護のために闘っています。

ムーミンパパ

追伸　よいお仕事をいつまでもお続けください。

心からのご挨拶のことばを申し上げると共に、末永くご健康とご活躍をお祈り申し上げます。

敬具

フィンランドのムーミンパパ

追伸2　私は字が下手なので、この手紙は私の替わりにトーベ・ヤンソンが筆記しました。しかし何を書くかは私が指示しました。

パパ

To the Japanese Moominpappa - Minister
of Finance Masayoshi Takemura san
from the Finnish moominpappa, February 1995!

Highly esteemed friend,
From your Embassy here
in Helsinki, I have learnt that
you are a devoted champion of
the lake Biwa.
Believe me, I am a champion
too, although in my case
in the preservation of
the sea. moomin pappa

TOVE

PS Don't give up good work!
With warmest regards and wishes for
good health and a long pleasant life -
yours respectfully
The Finnish moomin pappa

PS 2 This was written by Tove Jansson because her handwriting is much
better than mine - but I told her what to write! Pappa

フィンランドのムーミンパパからの手紙

習い事

父は、知事時代に、書道家大田佐亭先生に書を習った。字を書く機会がふえてきたからだ。先生のご指導のおかげで色紙などに書かれている父の字は、丸く暖かく、人柄がにじみ出ているようだと思って見るのだが、鉛筆やペンでノートに書く字は、これはちょっとびっくりする字である。

事務所を手伝っていた時、「ちょっと清書してくれませんか」と渡された原稿を前にうなってしまった。…読めない。丸くぐねぐね跳ねていてふわふわ踊っているのだ。

政治家を引退して、支持者の方々に直筆の文字のあいさつ文を送ったことがある。そうしたところ、何人もの方から「病気をされたときくが、手まで不自由になられたのか」と事務所に問い合わせがあった。父の字を見て、本当に心配していただいたのだった。父にそのことを報告すると、「この頃、頚椎ヘルニアで右手がしびれるんだよ」と笑って言った。

同じく知事時代、裏千家の宗匠にお茶も習っていた。

英会話も習った。父は、ドイツ語はペラペラだが、外国の政治家と、高いレベルの英会話も通訳なしで話せるようにと一年生議員の頃に習いに行っていた。分刻みのスケジュール表には、英会話の時間を「アメリカ大使館」と書くことになっていた。英会話の先生はアメリカ大使館の書記官の奥様だった。

息子に水泳も習った。ミシガン州ランシング・コミュニティ・カレッジのギャノン学長と「次に来日される時は一緒に琵琶湖で泳ぎましょう」と約束し、それから猛特訓を開始した。そんな約束をしたと聞いたときは、てっきり水泳が得意なのだろうと思ったが、それまで殆ど泳いだことが無かったらしい。そしてテレビカメラの前で、守山から対岸の大津まで学長さんと共に琵琶湖を泳いで渡り切った。途中で何度「もうだめ」と船の上のスタッフに合図しようと思ったかわからんと言っていた。泳ぎ切って嬉しそうに照れくさそうに笑う姿は今も映像に残っている。

先に約束をして自分を追い込み、モチベーションをあげているところがあるなと、最近ちょっとわかってきた。ダイエットがそうだ。時々試みていた。その前に必ず「明日からやるぞ」と周囲に公言して、そしてさらに誰かとダイエット競争している時はストイックでとても楽しそうだった。

声を出す練習のためにと大病後に習い始めた詩吟は、気が向いたら時々うたってくれる。そのうち、どこかの舞台で披露してくれるのではないかと楽しみにしている。

囲碁は大変強い。段をもっているらしい。高校時代に滋賀県代表で東京に行って、東京の代表に負けたと言って悔しがっていた。今でもごくたまにコンピューター相手に好勝負をしている。

骨董品も父の趣味だが、でも鑑定の方の目はいまいちいけない。外国に出掛けたときに少しずつ買い集めていたが、先日鑑定してもらったところ、ほとんどがにせものと判明した。鑑定の仕方も習ったらどうかと私は思っている。

鑑定といえば、思い出すことがある。父が中国の市場で気に入った「書」を買い求めてきた時のことだ。見れば見るほど気に入ってきたので、屏風に仕立ててもらった。しばらく家に飾ってあったが、母に邪魔だと言われ、恩人にあげてしまった。

さしあげた方もたいそう気に入って人に見せておられたら、その中の鑑定士の方が「本物の貴重な書ではないか」と言いだされ、本格的に鑑定に出されたところ、中国の偉人の書であることがわかった。数億円は下らないだろうという。「国の宝になる。寄付しようと思う」と喜んでおられる恩人を見て、父は「今更返してとは言えんなあ」と苦笑していた。それをきいて「あげちゃったなんて、もったいない！」と思わず言った私だが、母も夫も義姉も声をそろえて「そんなだいそれたものが、うちにあるほうが、よっぽどもったいない」と言ったのだった。

父は「僕の目も、なかなかのもんやろ。たまにはそういうこともあるんだよ」と、得意げに威張っていた。

父は「俳句をいくつか作ってみた」と言った。父が連載していた毎日新聞の原稿に、俳句でも書いて少し色をつけてみようと思ったらしい。どれがいいか、俳句の先生にみていただいたところ「ひとつもいいものはない」と言われたそうだ。「才能がないらしい」と言って、わははと笑っていた。

専門的にみると才能はないのかもしれないが、私は父の、あたたかい詩が結構好きだ。

我が家では、夫が大病をして、なんとか命をとりとめた、という出来事があった。父も毎日病院に来てくれた。「家族の看護サイクルに入れてくれ」と言って、必死で看病してくれた。父が看護交代で帰ったあと看護ノートには、ときどき俳句が書いてあった。

「熱落ちて　瀬田の森にも　秋の空」

「やっと秋　微笑む萩に　足はずむ」

「秋天よ　その青さで癒せ　病む人すべて」

「虫鳴きて　介助の緩む　明るさよ」

「生死越え　山川草木　秋の風」

上手下手はわからないけれど、読んで涙がとまらなかった。

失敗談

父はよく色々な話をきかせてくれる。父の話をきくのはとっても楽しい。私相手にでも、ちゃんとわかり易く歴史や政治や世界の色々な話をしてくれる。そして失敗談も。

海外に外交に出掛けたときのことだ。宿泊していたホテルで、出発前にトランクを預けるようにいわれ、深夜にトランクに荷物を詰めてホテルに預け、ベットで眠った。朝目覚めて、さて、着替えようとして、ズボンをトランクに詰めてしまったことに、はたと気が付いた。慌ててフロントに問い合わせたところ、荷物は先に飛行場へ向ったという。早朝のため、店も閉店していて買うこともできない。

「ほんまに困ったよ」「それで、それで？」わくわくわく。

「なんや。ひとが困ったって言っているのに嬉しそうやな」いえいえ、お父さんだって嬉しそう。

困りきった父はしばらく放心していたが、ふと思いつき、ベッドからシーツを引き剥がし、それを腰に巻きつけてみた。しわだらけだったので次にバスタオルを巻いてみた。丈が足らないのではと思ったがぎりぎり巻きつけることができた。背広の上着をちゃんと着込んでみると、けっこういけそうな気がした。なんてポジティブな性格。それで、その格好のまま飛行場へ向ったという。

ところが、荷物はすでに飛行機の中。仕方なく、そのまま飛行機に乗って、次の国まで行ってしまったそうだ。次の国の入国手続きで咎められ、やっとズボンが履けた。

「シーツは良い思いつきだったけど、シワシワだったのでバスタオルに取り替えた。しわがなかったら、シーツの方が恰好よかったのになあ。でも、随行の人たちが、変わった格好ですね、民族衣装ですかと言わはったぞ。誰もタオルだとは思わなかったと言って感心していたよ」と自慢げに言う。いや、どう見てもタオルに見えるけど、まさか本当にタオルを巻いているとは、誰も思わなかったってことですよ。その格好で政府の要人と飛行場で写っている写真をみせてもらった。しゃんと胸を張って立ち、堂々としたよそ行き顔で写っていた。

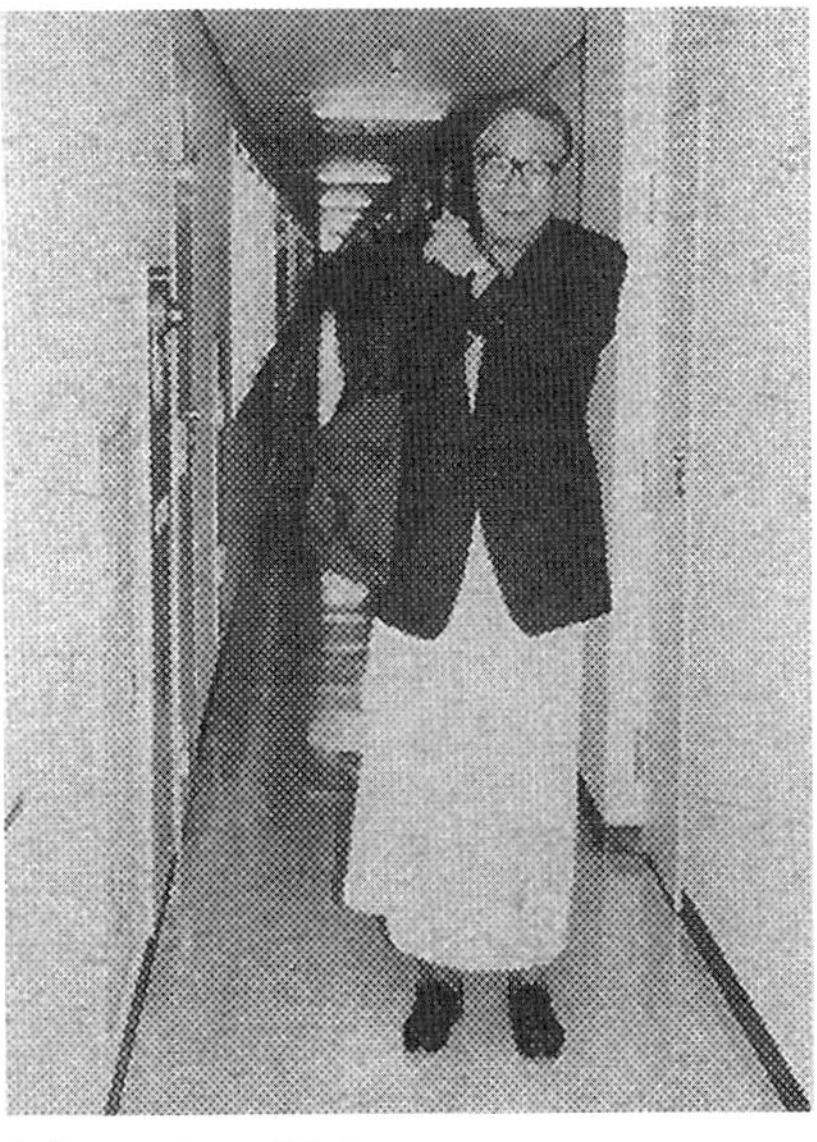

証拠のスナップ写真

分刻みスケジュールのある日のこと、普段の背広から冠婚葬祭の背広に着替えなければならなかったのだが、着替えに立ち寄る時間がとれなくて車の中で着替えることになっていた。父が車に飛び込んで大急ぎでズボンを脱いで「あれ？依田さん、服はどこや」運転手の依田さんが「しまった！先生、トランクの中です！」「そうか！トランク開けて！」…国会議事堂前の信号待ちの車からステテコ姿で飛び出した代議士は初めて見たと依田さんが言っていた。

講演に行った会場のお手洗いで、窓から見えるあまりに美しい景色にみとれながら用を足していたら、ズボンが裾までぬれてしまい、えへへと笑いながら客席に隠して変な歩き方をして、舞台上の演説のテーブルまでようやくたどり着いたこともある。

テレビ朝日のニュースステーションに生出演したとき、ポケットの破れた背広を着て行って、オンエア中に司会の久米宏さんに「こんなびりびりに破れた背広でスタジオに来た人は初めてだ」とつっこまれたこともある。

すごく和やかな雰囲気をかもしだしていたのでテレビを見ながら大受けしていたが、あとで私や女性秘書が支持者の方々から「あんたらがついていながら」とお叱りをうけた。笑って見ていた事は内緒にしておこうと、みんなでこそこそ言い合った。

議員宿舎でお風呂に湯を入れかけていたのをうっかり忘れ、浴槽から湯があふれて下の階の小池百合子先生の部屋が水浸しになり、平謝りしたこともある。

さきがけの党首時代、色紙にサインを求められ、「魁《さきがけ》」の一字を書いて欲しいと頼まれたのに、魁という字を度忘れして、笑ってごまかしたこともある。

知事時代、初めて昭和天皇を先導して歩いたとき、大またで歩いたため陛下からどんどん離れていき、おまけに極度の緊張で、あとでテレビニュースを見ると、右手と右足が同時に出ていたと言って笑っていた。その後は昭和天皇にも現在の上皇陛下や上皇后美智子さまにも大切にしていただき、プライベートで食事に招かれたりすることもある。初々しい当時のことは懐かしい思い出になっている。

知事時代といえば、父が秘書の下仲さんと京都に行った時、いたずら心をおこして、ひょいと街角の壁の陰に隠れて下仲さんの様子を窺っていた。下仲さんは知事とはぐれて驚いた様子だったが、急に手を挙げたかと思うと、タクシーに乗り込み、あっというまにいなくなってしまった。

「知事が先に帰ってしまったと思って、それはそれは焦ったがな」と、下仲さんがのちに言っていたが、父は自らのいたずらのせいで、一文なしで手ぶらで京都市内においてけぼりになった。父は財布を持っていない。当時は携帯電話もない。

おそるおそるタクシーの運転手さんに「この時計を担保に、滋賀県庁まで行ってもらえませんか」と頼んだ。

「その運転手さんが僕の顔を知ってくれていた。知事さん、運賃は後払いなので、着いてから払ってください、時計はいりませんと笑って県庁まで乗せてくれた。そうやった、タクシーは後払いやった。助かった。それにしても下仲さん、本気で焦っていたな」と自分が焦ったことは棚にあげ、下仲さんの姿を思い出して嬉しそうに笑っていた。

全く昔から人騒がせな人である。

政治家を引退したあとも、講演の依頼は少しも減ることがなく、あいかわらず全国をとびまわっている。ところがある日のこと、講演の予定をすっかり度忘れしていて、家でくつろいでいた。そこへ「先生、どうしていらっしゃるのですか、何かあったのですか」と遠慮がちな心配した声で電話がかかってきた。それでも全く思い出さずに「いや、元気にしていますよ」などと言ったが、「あの…今日は講演の日で…お待ちしているのですけれど」と言われてやっと思い出し、あわてふためいて会場にかけつけた。

「二時間も待たせたのに、みんな、怒らんと場をつなぎながら心配して待ってくれていた。ほんまに迷惑をかけた。でもいい人たちでよかったなあ。僕なら待たずに帰っているよ。秘書がつきっきりで時計をにらみながら、はい、次はどこどこです、とひっぱりまわしてくれる生活に慣れてしまっていたからなぁ。二度とやらんようにせんとなぁ…」と、めちゃくちゃ反省していた。

最近のことである。朝、滋賀県の自宅を出て新幹線で東京へ行った。東京で歩きまわり、人に会い、一日のスケジュールを終え、東京の宿に帰って靴を脱いで、そのとき初めて右足に黒い革靴を、左足に茶色の革靴を履いていたことに気がついたのだった。

呆然と自分の脱いだ靴を見ながら、「僕は今日一日、この左右色の違う靴を履いて新幹線に乗って、東京を歩いて、いっぱい人にも会って…。」たまたまその呆然としているところを目撃した義姉から教えてもらった。

野球

父はプロ野球では中日が好きなのだそうだ。名古屋大学の学生時代に、中日のホームグラウンドである名古屋球場で客席をまわってアイスキャンディを売るアルバイトをしていた懐かしい思い出も、中日が好きな理由の一つになっているらしい。
「読売の正力オーナーが東京ドームに誘ってくれて、一緒に観戦したりしたけど、やっぱり僕は中日が好きだなぁ」と、超贅沢なことを言ってくれる。でも、テレビで野球の試合を観戦しているところは、あまり見たことがない。

私が高校生の時、何気なく見ていた新聞に、「武村さんが休日、長男と一緒に甲子園で長男の学校を応援」という夏の高校野球の記事が載っていた。武村知事にも長男である夫にも会ったことなどなかったのに妙に記憶に残っているのが、私事ながら、少し不思議。

高校野球といえば、同じ滋賀選出の民主党衆議院議員、奥村展三先生も監督として甲子園を経験しておられ、そのご長男は甲子園でベスト四になった甲西高校の主砲選手だった。その時も父は応援に行っていた。夢中になって応援したこともすごく楽しい思い出だ。（二〇一三年現在、奥村先生のお孫さんは巨人軍を経てヤクルトスワローズに在籍中）

中日の過去の名監督に「星野仙一監督」がいる。父が好きだという中日の監督だったので、何気なく好意をもってみていたのだが、あるテレビ番組で、その星野監督が「僕はお会いしたことは一度もないしテレビで見ているだけだけれど、政治家の中では、武村正義さんみたいな方は、僕の野球では使いませんね」「何だか信用できない」と言ったのだった。むっかー。「許せないー」と私はテレビに向かってわめいた。

父が中日ファンだと言っているのに、会ったこともないのに何でわざわざテレビで父の悪口を言うの？　その番組内で、同じく父に会ったことのない有名人女性も父の悪口を言っていたので、テレビ局の誰かにそう発言するように頼まれたのだろうかと勘ぐったりしたけれど、真実はわからない。その後、監督が私の好きだった阪神の監督になり、阪神を夢の優勝に導いても、私はアンチ阪神にまでなってしまった。有名人が、テレビで会ったこともない人のことを批評しては絶対いけないと思う！　星野さんのその発言の後、父の反対派の政治家や評論家は「あの星野さんも、武村を批判している」と言ったり書いたりしていた。私が憤慨していても、父は「ほう、そうかあ。なんでかなあ」と言うだけだ。何で怒らないのだろう。たよりなくて気が抜ける。

父の秘書の結婚式で、父と母は、あのミスタープロ野球「長嶋茂雄さん」と同じテーブルについた。母が「長嶋さんってとっても感じがよくて、よく気のつく方だったわよ。きさくに話しかけてくださったし、すぐ飲み物をついでくださったり、パンをとってくださったりしたわ」と言って帰ってきた。巨人軍の大ファンである夫が「えっ、サインもらっといてくれた？　僕がファンなの知っているでしょ？」ときくと、母は「なんでよ。もらってないわよ。私はマラソンの瀬古利彦さんのファンだもの」と言ったのだった。

父がさきがけの党首で大蔵大臣だった頃、「有名な昔の野球選手と会ったぞ」と言って帰ってきた。「誰、誰？」「掛布さんや。昨日偶然会って、声をかけてきてくれて、仲良くなった」と言う。「言い忘れたことがあったんやが。あ、電話番号をきくのを忘れた」

それで、掛布さんの所属事務所の電話番号を調べて自分で電話をかけ、出られた方に「昨日、○○でご一緒させていただいた衆議院議員の武村正義と申します」と言ったところ、秘書の方が「昨日、掛布は遠征しておりまして、○○には行っておりません。それどころか、○○には行ったことがないと思いますが」と言われた。

「え?」と、きつねにつままれたような顔をして電話を切った父が「だって、昨日会ったんだよ。すごく男前な人で、気さくな人で…ちょっとまて。掛布さんと違う、田淵さんだった! うわぁどうしよう。掛布さんに失礼なことをしてしまった!」あわてふためく父をはじめて見た。

私は爆笑しながら「大丈夫だって。秘書の人も、きっとヘンな電話のことなんか忘れてくださると思う」と言ってなぐさめた。けど、大蔵大臣から直接かかってきた電話なんて多分忘れないよなあ…ごめんなさい、許してあげてください。

せっかち

父はせっかちだ。じっとしているのが苦手で、思いついたら行動に移している。じっとしているように見えるときも、頭の中は常に忙しく回転しているみたいだ。茫洋とした外見なのに「ぼーっとする」という表現がこれほどそぐわない人もめずらしいかもしれないと思う。

結局は健康を損ねて政治生命を断たれた原因である煙草も、そもそもの始まりは、じっとしているのが苦手な父が考え出した手段だった。何処でも煙草が吸える時代だった。会話が途切れたとしても、相手に気を遣わせることなく最も失礼にならずに場をもたせることができるのが、父にとっては煙草を吸うという行為だったのだ。始めると癖になって風呂屋の煙突のように、いつもとぎれることなく煙がもくもくしていた。しかもヘビーなロングピースだった。短くなるまで吸うことはあまりせず、火をつけてちょっと吸っては消す、という吸い方だった。新しい煙草が無くなると灰皿の中からひろって火をつけて、またちょっと吸っては消していた。ああ忙しい。

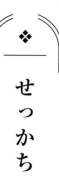

「煙草は死ぬまでやめないよ」と言っていたが、病気をして以来、みごとにすぱっとやめた。やめられないだろうと思っていた私は、実はちょっと驚いて、尊敬しなおしている。でもたまに、「あ…。無意識に吸ってしまった…」と言って呆然としている父の夢を見て、飛び起きることがある。

煙草を吸っている人の近くを通ると「いい匂いやなぁ」と言う。「将来、余命宣告されたら、その時には吸わせてあげますね」と言うと「そうかぁ、ありがとう」とお礼を言ってもらった。

歩くのが早い。歩幅が広く、背筋を真っ直ぐにして、さっささっさと歩いて行く。秘書の下仲さんは小柄な方なので、とととと…、と小走りでついて行かれる。この二人の光景がとってもユーモラスでほほえましくて、私は大好きだ。周囲の人たちから、やじきた道中とあだ名で呼ばれている光景である。

たまに父と博物館や美術館に行く。かならず途中ではぐれてしまう。小一時間たった頃、携帯電話が鳴る。「おおーい、何処にいるの?」「中です」「中で何をしているんや?」「何って…展示を見ています」「僕はもう外にいるからね。適当に出てきてね。急がなくてもいいからね」と言われても焦ってしまう。

いつもこの調子である。見るのも早いのだ。それでいて、私よりよく見ているし記憶している。本当にうらやましい頭脳の持ち主だ。展示場の終わりの方は、私はいつも走りながら見ることになる。

外に出ると、出口で、父はいつも誰かと談笑して待ってくれている。見知らぬ人にでも気軽に話し掛けることができる父は、そんなところでも、いろいろな人からいろいろなことを聞き、教えてもらって吸収しているようだ。本当に片時もぼーっとしていることがないようにみえるし、実際見たことがない。

飲食店でメニューを選ぶ時もせっかちだ。「僕はこれ。はよ決めな」と、さっさと決めて注文してしまう。「僕は同じのでいいから決めて」と言うときもある。何にしようかな、父はこれが好きそうだなとメニューを見て悩んでいると「何でもいいから早く早く」とめちゃくちゃ急かす。

回転寿司は流れてきた皿を順番に、ほいほいととってテーブルに並べる。ほかの人の分も「ほい、食べ」と並べるので、たまの外食で何を食べようかしらと楽しみにしている母に、いつも迷惑がられている。お鍋の時は沸くのが待てず、周りが見張っていないと、ぬるい出汁の中に、何もかも放り込む。そういえば何故かいつも、人の食事の世話をしている。

電話のきり方もせっかちだ。用件を話すと、さっさと受話器を置いてしまう。相手がきったのを確かめてから、そっと受話器を置く、などという芸当は父には無理である。

せめて総理大臣の電話ぐらいそっときれないものだろうか…と、何度も思ったことだった。私など「あ、それからね…」と付け足した言葉が間に合ったためしがない。いい加減に私も慣れればいいのにと思いつつ、ツーツーツーという音がする受話器を呆然と見ながら毎回苦笑している。

頭の中の引き出し

父の頭の中には引き出しがある。しかももの凄い量の引き出しである。あまりにも父の記憶力が凄いから、私はずっとそう思ってきた。

まず、一番驚くのが、「人」を覚える凄さだ。政治家という職業にとっては、その特技はものすごくプラスになっていたと思う。

議員会館の出入り口のアナウンスの方も凄いと私はいつも思っていた。国会議員の先生が出入口を通られるとき、「○○先生、○○先生」とマイクで放送される。すると玄関先で待機していた秘書や公用車がすっと走り寄る仕組みだ。一般の人もひっきりなしに通るが、その中から国会議員を見落とすことがなく、新人の国会議員の名前でも絶対間違うことがないのだそうだ。

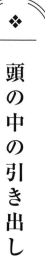

昔あるテレビ番組で、東京有名ホテルのドアマンの方が、顧客の顔と名前を記憶していることにかけては日本一と紹介されていた。が、なかなかどうして、父も負けていないと思う。私のような一般人が一生に出会う人数と父が出会う人数では桁が違う。例えば父の後援会の方は何万人もおられるが、面識のあった方、面と向かって話した方のことはほとんど覚えている。

支持者の方に声をかけられると一瞬父の時間がとまったように見えることがある。その一瞬の間に父は頭の中の引き出しをあちこち引っ張り出しているのだ。それは「○○市」という引き出しだったり、「○○会社」という引き出しだったりするが、すぐ探し当てる。そうして「やあ、○○さん！」と相手の名前を呼んで答えるのである。名前を呼ばれた方はたいてい、まさか覚えてくれていたなんて…と、びっくりしたり感激したりされる。

しかも名前と同時にその方にまつわるエピソードも引き出しの中にしっかりファイリングされているのだ。「饅頭をもらった○○さん」「お漬物の○○さん」という風に。食べ物関係を特によく覚えていたような気がする。

「○○さん、今もおはぎを作っていますか」「○○さん、足はすっかりよくなりましたか」「○○さん、お孫さんは大きくなられましたか」それらを聞くたびに、それってもう何年もまえにきいた話じゃないの、と、私はいちいち驚いている。

家にいるときの父はいつもとぼけていて、にこにこ、というよりへらへらしていて、たいていおちゃらけている。子どもたちと話をしているのを隣できいていると、どちらが子どもかわからない。だから私はこの人が「武村正義」であることをふと忘れてしまっている。私の息子などは、幼いときには、父のことをお笑いタレントだと思い込んでいたようだ。

「おじいちゃんみたいになるの？」と、ある方にきかれて「僕はお笑いの人にはならないと思います」と真面目に答えていた。

最近、父が「物忘れがひどくなってきた。これが歳をとってきたということかな」と言い出した。「え…。例えばどんなふうに？」とたずねると、「三日以上前の晩御飯のメニューが、ぱっと思い出せなくなった」と言った。

私なんか、昔から二日以上前のメニューはそう簡単には思い出せない。昨夜のメニューだってやばい時がある。父が私レベルに到達するのはまだまだ先のようである。

父のわがまま

父は時々わがままなことを言う。別の言い方をすると、自分勝手である。が、本人はいつも全然悪気がないので、父のわがままは楽しい話のネタとして周囲に重宝されている。

あれは最後の総選挙、病後の父が私の家族や東京事務所の秘書さんたちと共に私の実家に居候していたときのことだ。私の実母が投票依頼の電話をかけていたら父が言った。

「どんな大事な電話がかかってくるかわからんから、私用で勝手に電話を使わんといて」

「はいっすみません！」と実母は言ったが「でもよく考えたらこれは私の電話機で、しかも私用じゃなくて投票依頼してたのよね」と笑い出し、それを聞いていた私も可笑しくて、可笑しくて二人して爆笑した。父も、笑いこけている私たちを見て「へへへ」と照れくさそうに笑っていた。今でも時々思い出して笑ってしまう。

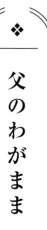

「今からファックスがくるから、紙を補充しておいてね」と言われたときも、「何枚くらい来る予定？」と聞き返すと、「三百枚くらいと思う」と気楽に返答してくれた。

冗談にちがいないと思って笑ったが、笑っている私を父が不思議そうに見て、。その直後、ファックスの着信音が鳴り、トットットットと、紙が流れ始めた。そして私は、父が大真面目で言ったのだと悟ったのだった。

おとーさん、うちのファックスは、業務用じゃなく、一般家庭用のファックスなんですけど！

「もうすぐ鳩山君か菅君から電話がかかってくる予定だが、ちょっと急用で出かけなければならなくなったから、何の用件かきいといて」「えええ」こんなこともしょっちゅうである。

「秘書」の項でもふれるが、衆議院議員会館の事務所には「通行証」なるものが存在していて、他の事務所から借りて数枚用意するだけでも大変なのに「明日、三十枚用意しといてね」と、これまた気楽に言ってくれるのである。

父は写真を撮られるのが嫌いだ。正月などの行事や旅行で記念写真を撮ろうと言うと、「もうええぞ、はよ行こ」と言って面倒くさがる。支持者の方々との撮影では、私がカメラを向けると一枚目はにっこり笑って撮らせてくれるが、念のためにと何回かシャッターを押すと「はい、終わり」と言う。カメラを向けるとそっぽを向くので、正面を向いた写真があまりない。風景の中で自然にしている写真を隠し撮りしている私である。

その時は色々と困るのだが、後々笑い話になってしまう。本当に得な人だと感心する私である。

しかし、しかし、だ。笑い話にできない人もいる。

これまでの自分の進退、転職等については、家族に一切相談しなかった。反対されるのはわかっているし、反対されても決心が揺らぐことはないからと父は言う。父は言うが、母は父の勝手なところをずっと怒っている。

父は常々、迷惑をかけ続けてきた母を喜ばせたいと思っている。旅行や外食に誘ったら喜んでくれるだろうと思っていて誘うのだが、「何で行きたくないところに行って、食べたくないものを食べないといけないのよ」と母にはなかなか喜んでもらえない。そうすると、こっちに交渉係を振ってくる。「うん、と言ってもらって。頼んだよ。頼んだからね」だけ言って電話を切ってしまう。「お父さんからまた頼まれた」と夫や義姉に訴え、交渉係は毎回、家族で押し付け合いになる。

散歩

政治家現役の頃は時間に追われる生活をしていたので、車で移動することが多く、歩くということがほとんどなかった。たまに議員会館から国会議事堂へ続く長い長い地下道を「今日は歩いた」と言うことがあったが、それが精一杯の運動時間だったかもしれない。そんな父が、大病をしてから、歩き始めた。最初は室内を一歩、というところからはじめて、毎日毎日歩く練習をしているうちに、歩くことが日課になってしまった。今は引退もして「楽隠居」の身分らしいので、（私には今もスケジュールに追われて働き続けているようにみえるが）現役の頃に比べるとはるかに時間があるらしく、父はもくもくと歩いている。

夫が小学生の時、知事になった父に「何故わざわざ大変な仕事をするの」と尋ねたことがあるそうだ。父は「ちょっと散歩しよう」と夫を散歩に連れ出し琵琶湖岸まで歩いて「ほら、対岸に近江富士（三上山）が見えるやろ。あの山に大百足《おおむかで》が三匹巻き付いて悪さをしてるんや。それを退治せなあかんから知事になった」と言ったそうだ。今、父と一緒に散歩しながら夫が時々その話をすると、父は穏やかに笑っている。

父が特に好きな散歩コースは琵琶湖岸、そして琵琶湖疏水にそった山道だそうだ。その山道を野生のサルに出会ってビビリながら歩いている。毎日一万歩近い距離を歩く。ドクターストップがかかるまえの煙草中毒、サウナ中毒に代わって、「散歩中毒にかかったみたいだ」と言って笑っている。

今は散歩の時の服装は全くかまわない。家でくつろいでいる格好そのままでひょいと外に出てしまうので、あわてて着替えを持って追いかけることもある。

夏の暑い盛りには、たまたまその時玄関においてある帽子をかぶって出てしまう。リボンのついた女性用の麦藁帽子をかぶって出て行った時もあった。ウケを狙っているのかと思っていたが、リボンの色が渋かったので男性用と女性用の区別がつかなかっただけだった。全く無頓着である。

まあ、メガネをはずして歩くと、武村だと気づかない人の方が多いし、まさか女性用の帽子をかぶってほいほい歩いているのが武村だと思ってもらえないからいいのだけれど、たまに武村だと気づいて、声をかけてこられる人がいる。そんな時、あわててメガネをポケットから出してかけなおし、変な格好のまま、よそ行きの顔になって、にこやかに挨拶する父を見るのも楽しい。

私も時々、父と一緒に散歩する。家族で歩くこともある。いろいろな話をしながら歩く。俗世のことを知る時間が今まであまりなかった父は、何でも楽しそうにきいてくれる。そして次々楽しい話をしてくれる。

実はスーパーマリオ・ブラザーズはアメリカのロックバンドだと思っていたことや、三十年近くムーミンパパという愛称で呼ばれてきたが、ムーミンはカバだとずっと思っていたことも散歩の時に教えてもらった。（ムーミンはカバではなく、トーベ・ヤンソンさんによって生み出されたキャラクターです。）

「菅さん（元総理大臣）とご飯を食べにいったときにね」と話してくれたのも面白かった。ある日、菅先生が連れて来られた女性の一人が、どこかで会ったことがあるなと思ったが思い出せなくて、ご飯の間中、どこで会った人だったかと考えながら何となく話を合わせていたら、「帰りがけに紅白歌合戦の話になってね、そしてCDをくれたんだよ。なんとその人、歌手の○○さんだった。真向いで座ってたのに、ご飯食べ終わるまで気付かなかった！」その方の歌、大好きで、カラオケでよく歌ってますやん。紅白も最後の方、見てましたよね、お父さん。

そしてファンの会に入会している、大好きな三橋美智也さんの歌を口ずさみながら歩く。ガラケーの着信メロディは秘書の町田さんに頼んで三橋美智也さんの歌に設定してもらっている。

あまり知られていないが、父は戌年なのに犬が大の苦手である。昔、野良犬に追いかけられてから、どうもダメらしい。これは私の息子にも遺伝していて、散歩中、犬を連れた人に会うと、にこやかに歩きながらもさりげなく歩調が狂ってくる。ふと犬がこちらに興味を示そうものなら、それがどんなに小さい犬であっても、ぎくっとおののき逃げ腰になる。身長百八十センチの大男の父と、小さな息子が同じポーズで固まる姿は、失礼ながら、すごく笑えた。

義姉の陽子さんが小型犬を飼ったので、少しだけ犬に慣れて散歩中「ちょっと持たせて」と言ってリードを持ったりしていたが、ソファーでくつろいでいるときに後ろから「ワン」と吠えられると「うわー！」と悲鳴をあげて飛び上がっている。

仕事に出かけるときに、背広を着込み、ネクタイをしめ、髪に櫛をいれると、父は突然家にいるときや散歩のときとは別人のようになる。そんな父を見ると、私の子どもたちが「今日はじいじが『武村正義』や」と言う。

旅行

政治家を引退してから、父はひんぱんに旅行をするようになった。学生の頃は旅行研究会に入っていて、昔から旅行は大好きだったらしい。政治家時代も世界各国をとびまわってはいた。百数十か国は訪問したが、でもそのほとんどが公務で、ふつうにいう旅行らしい旅行をしたことがなかった。

タヒチ0泊三日とか、バルセロナ宿泊ゼロのとんぼ返りとか、私が「ちょっと電車で隣町まで」というような感じで飛行機に乗っていた。それこそ、日帰りの時などは、外国へ行ったことを家族が知らないでいることもあった。

その感覚が今も抜けないのか、現在でも「言うのを忘れていたけど、ちょっと今からインドへ行ってくる」と、空港から電話がかかってきたりしてびっくりさせられる。最近は私も少し慣れてきて驚く度合いが減ってきたけれど、それでもやっぱりせめて前日には教えておいてほしいと思ったりする。

現役の頃は、空港に着くと各国で出迎えの人と車が待っていて、会議などのある現地まで乗せて行ってもらい、車の中では書類を渡され、窓の外をゆっくり見る間もなく到着すると仕事が待っていた。

それが、今は、自由だ。友達と行くこともあれば、一人で行くこともある。行きたいところに行って、見たいものを見て、歩きたいところを歩いている。そして、やはり勉強している。今の方が本当の世界が見えるのだろうと想像する。政治家じゃないのがもったいないと思う。

でも政治家をしていたら、こんな自由な時間を持つことは出来なかった。食べ物はスパゲッティさえあればいいし、全然贅沢ではないので、どの国へ行ってもたいてい苦にならないらしい。


父がひとりで海外へ長期間出かけるときは、私はうるさく「ちゃんと行き先はわかるようにして行ってね」と、念押しする。「できるならひとり旅じゃなく、誰かと行って」とも言う。

数年前、鳥インフルエンザで人が亡くなった中国の町にそのニュースをきいた直後に講演で出かけるときも、みんなで「できるならやめて」と言った。でも、父は「運が悪くて病気がうつったら、向こうでちゃんと亡くなってくるから、心配しなくていいよ」と笑って行ってしまう。父を止めることができるのはお医者様だけだなぁとため息をつく。


父が毎日新聞に手記を連載していて、それをまとめた本『私はニッポンを洗濯したかった』（毎日新聞出版刊）が二〇〇六年に刊行された。その手記のラストにこんな文章が書かれている。

「旅心を失ったら人間をやめなさいといった人がいる。元気な間は、私は旅をやめることはない。日常を抜け出して変化を求め続ける。見知らぬ土地や人や風景にひかれて、私の小さな冒険心は終わることがないだろう。旅をやめたときは、私の人生が終わるときだ、と思っている」

一年半にもわたった長い手記は、そうしめくくられていた。これは、心配してすぐやめろやめろという私たちへのけん制かしらと、秘書の町田さんと苦笑しあったことだった。もう止めないから、絶対絶対気をつけて毎回元気で帰ってきてくださいね。

ロードス島からエーゲ海を眺める

家族と仲間たち

我が家の非凡な人々

私は伊賀で生まれ、甲賀で育った。伊賀、甲賀といっても血筋は忍者とは全く関係はない。普通の田舎で、のびのびと育った。私自身はごく平凡な人間だけれど、私の家族には、この人は非凡だと私が思う人間がいる。私が見てきたこと、聞いてきたこと、経験してきたことを、私だけの思い出にするにはもったいないないと、いつの頃からかずっと思っていた。

私の祖母もなかなか非凡な人だった。私にとっては父との出会いに欠かせないので、祖母のことを少し紹介したい。

祖母、福里（旧姓西口）ニワは、大正八年に宮崎県の田舎で十人兄弟の末っ子に生まれ、小学三年で大阪に嫁している年の離れた姉の元へ行き教育を受けた。芸事が好きだったので、教育熱心な姉に内緒で宝塚音楽学校を受験し、歌唱の試験では審査員の先生方が立ち上がって拍手してくださったのだが、姉に合格通知を隠されて入学できなかった。その姉の夫に言い寄られて姉に告げ口することもできず大阪の家に居られなくなり家を飛び出したのが十七才の時だった。

帰るところがなくて途方に暮れかけた少女であったが、幼少の頃から「いつか、戦争のない幸せな世の中を作る」という壮大な夢を持ち続けていたので、今こそ、その夢を叶える時ではないかと考えた。そしてまずモンゴルで馬賊の頭目になって、理想社会のモデルを作ろうと思い立ち、モンゴルに渡るためにまずは台湾へ、と外国船の船底に隠れて密航した。が、航海途中で船長にみつかった。真っ黒に日に焼けた船長はじめ乗組員たちはみな親切だったそうだ。台湾に到着後、船長に新聞社を紹介してもらい、ひとまずはそこで落ち着き働き始めた。

新聞社で働くニワを見初めたオーストラリア人船長が、結婚を申し込むための通訳を頼みに行ったのが、台湾で仕事をしていた高砂族の啓蒙運動実践家であった日本人医師、福里俊雄である。

俊雄と恋に落ちたニワは、モンゴルの夢をあっさり捨て、俊雄に言われるまま日本に帰国し、その後を追って帰国した俊雄と結婚、俊雄の郷里である鹿児島県大隈半島最南端の山の上で、当時は男尊女卑著しい福里家の嫁として生活を始めた。段々畑から青い海と開聞岳が見える。現在でもバスが一日一本という田舎である。長男と、私の実母が生まれ、田舎の生活にもやっと慣れてきた頃、病のため夫と長男が相次いで亡くなった。それを機に娘をつれて婚家を出て、生きるために仕事をはじめた。

各地を講演で回る他、新聞記者、宝石商、化粧品販売業、喫茶店経営など、生まれつきの気風のよさと強運とで、何をしても成功するが、何をしてもものたりなくてやり切れない。次々と職をかえてはそれが成功する繰り返しの中で、自分が探し求めているものは一体何で何処にあるのだろうと日々思い悩んでいた。

そんなとき、ひとりの思想家と出会う。「誰のものでもない」という、無所有・無固定の思想にニワは感銘を受けた。この宇宙にはもともと誰のもの、といえるものはなく、大自然は常にうつろい留まることはない。なのに何故、人はものごとや考えに固執し、争うのか。

幸せとは何だろう。世界平和のために人はどう生きればいいのだろうか。ひたすらそれを探求して「鍵は人間改革」だと、そしてずっと探し求めてきたのはこの生き方だ、と悟った。

真実の幸せは人の心の持ち方の中にある。社会や境遇、他人がどうであろうとも、自分の考えにとらわれた心（我執）をなくし謙虚に生きる。他人に求めるのでなく、自分が謙虚になりきる。人がみなそうなれば、世界平和が到来するはずだ。

では、どうすれば人から我執をなくすことができるのか。理念ではなくまず自分がそうなることだと、厳しい自己改革の実践、研鑽を積み重ね、やがて「できた！」と思想家と共に喜んだのも束の間、その思想家が五十八才という若さで急逝してしまった。

その時には思想家の呼びかけで全国から人が集まり、始めた事業は拡大していたが、ひたすら自己研鑽を続けたニワは、ニワを慕う人たちと滋賀県に移り住み、哲学道場を開いた。その道場で、私利私欲のない本当の話し合いが出来る小さなモデル社会を作っていこうとして病に倒れた。

波乱万丈、平穏な人生ではなかった。四十代から次々と大病におそわれ、毎日命の危険にさらされていた。そんな中にいながらも祖母の周りはいつも明るい笑いで満ちていた。一度たりとも弱音を吐くことなく、不平不満を口にすることなく、人の悩みや苦悩をきき、心の在り方を説き、六十五才で亡くなるその日まで、世界平和を願い続けていた。

そんな祖母の娘が、私の実母だ。実母も哲学道場を継承し、レストランを経営し、地元の昔話の本を出版し、講演にまわり、おっとりしているようにみえて、実はパイロットになりたかったという、なかなか非凡な女性だと思う。

そして、私が大学生だったある日、哲学道場である我が家に突然もう一人の非凡な人間がやって来た。「武村正義滋賀県知事」である。初めてうちに現れた最初の日から、祖母と意気投合したらしい武村知事は、それから時々、祖母と話をしに、うちに来られるようになった。病体の祖母は「自分はもう動けないけれど、武村知事に託せる。武村知事が世の中を平和に導いてくれる」と言って喜んでいた。祖母の晩年が本当に充実した楽しいものになったのは、武村知事のおかげだと、私は今もずっと感謝している。

父は三十六才で生まれ故郷の八日市市長に、四十才で当時は全国最年少の滋賀県知事に、五十一才で衆議院議員に当選し、衆議院議員時代に新党さきがけを作り五十五年体制の終焉を導いた。官房長官と大蔵大臣を歴任した。そして六十五才で病に倒れて政界を引退するまで、三十年間、走り続けた。いつも先を見ていて、地球環境を憂い、政治改革を訴え、世界平和を願ってきた。

そして政治家を引退した現在は「楽隠居」などと印刷した名刺をもって、大学で教鞭をとって若者の育成をし、環境のために中国の砂漠に樹を植え、時間があると世界中を旅して元気に暮らしている。

父は政治家時代、バルカン政治家と異名をとった。野党の連合に推されて知事になり、オール与党体制を作り、自民党福田派（後の安倍派）から衆議院に出た。そして自民党をとびだし新党さきがけを作った。機を見るに敏、出世のためならなりふりかまわず節操がないという人もあった。でも、父は、自分の出世など、どうでもよいと思っていた。ただ仕事がしたかった。父のいう仕事とは、小さくてもきらりと光る国「日本」を作り、国民が幸せに暮らす手伝いをすること。それから未来の子どもたちのために、破壊されつつある地球環境を守る、ということである。仕事をするために仕事場を選んだ。でも、その仕事場で仕事が出来ないということがわかると、自分の信念を貫くために、次の仕事場を求めてきた。私からみると、ふらふらしているどころか、一本の筋が通っていて、全くぶれることがなかった。

政治家であった三十年間、ほとんど休みなく走り続けてきた。少しでも時間があると本を読み勉強する。外国へは仕事で百カ国以上訪問したが、ゆっくり楽しんで観光したことがない。それは日本国内でもそうで、日本の観光地や有名な建物、きれいな景色もゆっくり見たことがない。元旦だけは家族サービスの日と言ってスケジュールを空白にしてくれたけれど、一年にたった一日の休日でも、電話や何かの原稿の追い込みやらでじっとしていることがほとんどなかった。時間をみつけ初詣に出かけ、絵馬に「世界平和」と書いた。

今、父を時々あちこち連れ出して、寺社仏閣、庭園、山道などを散歩するが、父は本当にどこにも観光で行ったことがなく、めずらしそうに喜んでくれる。そんな時私は、実は凄くもったいないと思っている政界引退も、まあ、それはそれでよかったのかもしれないなと思ったりもしている。

出会い

私が十九歳の秋の夜だった。その日、私はめずらしく外泊していた。そこへうちから電話がかかってきて、「知事さんが来られたのよ!」と、家族のはずんだ声がした。「え、何で知事さんが…」

知事なんてそれまでテレビでしか見たことがなかった。私にはあまりにも遠い存在の人だった。

その日、ちょうど家では哲学道場のメンバーが、踊りの稽古を楽しんでいた。日本舞踊の師匠である祖母の幼馴染が九州から遊びに来ていて、せっかくだからと踊りを教えてもらっている真最中に知事さんが来られたらしい。「知事さんは楽しそうに、皆と一緒に踊って帰られた」ということだった。

その日、昼間のある会合で、地元の県会議員だった奥村展三議員(のちに民主党衆議院議員)が知事さんに「私の姉のような人です」と言って実母を紹介してくださった。実母はその初対面の挨拶で「お会いすることができたら一度言おうと思っていたのですが、知事さんは演説が下手でいらっしゃいますね。せっかく良いことをおっしゃっているのに」と言ったらしい。何故にそんな事を…我が母ながら、おとなしい顔をして、時々とんでもないことを言う。全く悪気が無いのだが初対面でそんな失礼なことは普通言わないだろう。しかも相手は知事である。

そして実母はそんな失礼なことを言った続きに「滋賀県の片隅で、世の中の幸せを真剣に願い、日々研鑽している団体があることを頭の片隅におとめおきください」と言った。

それが知事の頭の片隅に本当にとまったそうだ。会合が終わり帰ろうとしていた実母を「世の中を真剣に想うという人たちに会わせて頂けないだろうかと知事が言っておられます」と、秘書課長だった望月平太郎さんが呼びに来られた。実母は知事一行を伴って家に帰って来た。それが始まりだった。望月さんが、てっきり昔からの知り合いだと思ったと言っておられた。

それからあまり日を置かずに、また知事が家に来られた。ニワ先生のお話がききたいということだった。家にいた私は、名物知事の来宅にちょっと緊張して挨拶した。「こんにちは、おじゃまします」と言ってくださったけれど、初めて会う大きなメガネをかけて黒い髪を光らせた大柄な知事さんは、少し堅い近寄りがたい印象だった。この人に実母は演説が下手と言ったのかと、そんなことを思った。その日は祖母とゆっくり話して、帰って行かれた。

毎年春、私たちは京都の都ホテルに泊まって桜を見ていた。しょっちゅう危篤状態に陥ると言っても過言でない健康状態の祖母のために、酸素ボンベを持って、キャンピングカーを引いて、大掛かりな、でもとっても幸せな毎年の行事だった。

知事さんと出会ってから最初の春の休日、一緒に桜を見に行くことになった。京都円山公園に隣接するレストラン、長楽館で待ち合わせた。先に秘書の望月平太郎さん夫妻、下仲善一さんと来ていらした知事さんが、私たちの到着を玄関で出迎えてくださり、車椅子の祖母を、玄関の階段をあがるため、哲学道場のみんなと一緒になって、車椅子ごとかかえて運んでくださった。みんなすごく楽しそうだった。知事さんと祖母が長楽館の部屋で話をしている間、私たちは外で待っていた。「本当に気さくな知事さんだね」等々、言い合った。みんな本当に感激した。自分たちの師と知事との出会いに感動していた。

会談が終わって出て来られた知事さんが、私を見て「これは、おじょうさん」と笑ってくださった。第一印象のような堅さは全くなかった。そのときの優しい笑顔がとっても印象に残っている。

春の休日。赤い毛氈をひいて、唐傘をたてて、お弁当を食べて、知事さんと共に満開の桜を満喫した。

後に私の夫になった知事の息子が、はじめてうちに遊びに来たとき、壁に飾ってあったそのときの写真をみて「この男性は誰？」ときいた。「お父さん」

「へぇ、あなたのおとうさんってこんな人なんだぁ」

「…いや、これは、あなたのお父さん」夫のおとぼけぶりに私は爆笑したけれど、彼は「こんなに安らいだ表情は見たことがない。別人だと思ったよ」と、真面目な顔をして言った。

春の休日　京都円山公園の花見

武村家の嫁

武村家の生活は質素だ。学生時代も夫の姉の陽子さんと仲が良かったのでよく知事公邸に行ってはいたが、それは滋賀県庁に隣接した歴代の知事一家が住む家であり、通されるのは陽子さんの部屋であった。なので、ここまで質素だとはわからなかったのだが、父が知事を辞めた時、知事公邸から借家への引越しを手伝ったときに、私は武村家が本当に質素に生活していることを知った。

私は独身時代、家業の哲学道場とレストランを手伝いながら、時々東京永田町の衆議院第二議員会館にある武村事務所を手伝っていた。

父が衆議院議員に初当選したあと、議員会館の部屋が決まり、宿舎の部屋が決まって、掃除から日用品の買い出しまで、当時はまだ義姉ではなく友達だった陽子さんと楽しんだが、陽子さんも大変質素で簡素で、感動してしまった。私が「ちょっといいもの」を買いたいと思っても、「うちにはもったいない」

と言う。

武村夫人である母ときたら、もう拝みたいほど質素だ。その質素ぶりをちょっと紹介しておくと、母は三十年来、歯医者をしながら、昼は一度も外食をしたことがなく、ずっと手弁当持参だった。その骨董品のようなアルミの弁当箱が、母の学生時代のものを使い続けているのだときいて驚いた。何十年も乗っていた自転車が盗難にあった時、警察に届けると言うのを「古すぎてはずかしいからやめて。頼むからこの際買い換えて」と陽子さんが必死で止めていた。洋服ダンスは引き出しを開けるのにコツがいる。食器洗いは真冬でもお湯を使わない。知事と歯科医の妻、ときいて、華やかな家庭を想像したこともあったが、そんな想像はとんでもない話だった。

夫とは父と初めて出会ってから八年ほどたった、父の二度目の衆議院選挙で知り合った。その数年前に一度見かけたことはあったが、そのときは別に親しくなったわけではなかったので、その選挙で知り合ったと言うことにしている。武村家と私の実家は家族ぐるみで仲良くしてもらっていたが、ずっと東京で一人暮らしをしていた夫とはそれまでゆっくり会うことがなかった。

「結婚しようと思うのだけど…」と私が実母に言ったとき、実母は「あの男性はとてもいい人だと思うけれど、あなたたちが結婚することで、もしも武村先生の立場がマイナスになる要素が少しでもあれば、賛成できない」と言った。私も武村正義のファンではあったけれど、夫とのことは、政治家である「武村先生」とは直接関係のないことだと思っていたので、実母の武村ファンぶりに、改めて驚いたことだった。

夫が武村の両親に私と結婚したいという話をした。実母に「武村先生の立場が少しでもマイナスになるなら賛成しない」と言われたということを夫に言っておいたので、「僕と彼女が結婚したら、何か問題がある？」と父にきいたそうだ。父は突然のことで一瞬驚いた様子だったが、「いや、何もない」と言ったと夫が私に言った。ちょっと笑っているような顔をしていたから、きっと大丈夫だと思うよ、と言っていたけれど、私はとても不安だった。

ある日、「武村先生」が私を事務所に呼び出された。どきどきしながら行くと、「息子のどこが気に入ったの？」と、開口一番にきかれた。「私だけにではなく、誰に対しても優しいし、他人に対して本当に優しい接し方ができるところです」と言うと、「うん、息子は確かに優しい。優しすぎるのが難点なくらいにね」とにっこり笑って「息子を頼む」とおっしゃった。（あのときのことを思い出すと、思わず敬語になってしまう）会話はそれで終わり、部屋を出て、当時の地元の筆頭秘書、片山由文さんに「息子の嫁になる子や」と言われた。涙が出そうなくらい嬉しかった。

武村先生は、ひとさまの結婚式であいさつする時にはいつも、「結婚は忍耐である」と言われる。よほど忍耐しておられるのだろうと、人が面白そうに噂しているのを、これまで私は何度も聞いてきた。そして父は、私たちの結婚披露宴のあいさつでもやはりその言葉を言った。式が終わって、二人で両親にお礼を言いに行ったときも、更に「いいか、結婚は忍耐だよ」と、念を押された。今でもその言葉を私は肝に命じている。

母

私が学生時代、庭に咲いた花を知事さんに届けてと祖母に頼まれ、初めて知事公舎を訪問したとき、玄関ではじめて母に会った。初対面の小娘に、にこやかに笑って「こんにちは。私はここの家政婦です」とあいさつされた。秘書課の方が驚いて「いいえ、知事の奥様ですよ」と言うと、「奥様なんて柄じゃないわよ」と豪快に笑った、そのきどらない印象のまま、現在に続いている。

母は父と同い年、母親が歯科医院を開業する静岡で四人兄弟の長女として生まれた。早くから父親が病気をしたため、弟と妹二人の世話をするのが母の幼少時代の役目だった。小さな妹を背負い、両手に弟妹の手をひいて川へ洗濯に出かけた思い出や、時には映画館に入らせてもらった思い出をいつも楽しく聞かせてくれる。「ターザン」に憧れた。あんな人と結婚したかったわ、と今でもよく言う。夫が子供の頃、父に「お母さんはターザンが好きなんだって」と言うと、父はゴッホゴッホと胸を叩いたそうだ。それはゴリラでは…。

戦争で食べ物の無かった時代に弟妹たちがひもじくないよう、色々な工夫をして食べさせた。その経験が現在の母の基礎にあるように思う。

母は環境主義者だ。粗品で合成洗剤をくれた銀行に「こんな環境に反したものを粗品で配るなど、言語道断だ」と説教した。古いものも、よほど壊れるか割れるかして使用不可能になるまでは絶対処分しない。新しいものは買わない。食材はとことん使いきり、食べ物を捨てることは、ご飯粒や梅干の種に至るまで決してしない。父の職業柄、頂きものが多いが、新しいものから私たちにくれて、古いものは自分で使い切る。クールビス、ウォームビスなんて、母に言わせたら、人間として当たり前のことだ。

父が「環境の政治家」として名を馳せていた頃、実母が「今度、武村先生に環境についての講演をしてもらいます」と母に言ったところ、母が「そんなことは、環境の専門家にしてもらった方がいいと思うわよ」と言ったのだった。母に言わせると、父クラスではまだまだ全然甘いらしい。

父と母は東京大学のダンスパーティで知り合ったそうだ。母は東京歯科大学に在籍していて寮に住んでいた。ある日、寮の後輩の御守役として、しぶしぶそのパーティに数人の後輩たちを引率していった。後輩たちに悪い虫がやってこないようにと壁際でジロジロとにらみつけるように監視していたのを父がみかけて、その場にふさわしくない女性がいる、面白いなと思いダンスを申し込んだのがきっかけだという。

のちに父と東京大学構内を散歩した時、「ここでダンスパーティがあったんだよ、変わった女性がいるなあと思ってね」「それからここで結婚式をさせてもらったんだよ」と、嬉しそうに思い出話をしてくれた。

他とはちょっと違うタイプの人を見ると、父のやんちゃ精神はきっとワクワクしてくるのだろう。父の秘書としても友としてもなくてはならない下仲善一さんも、京都の飲食店で県の部長に同行して来ていながら、暗い奥の椅子に独りで座って、談笑している父や部長たちの姿を恐い顔をしてにらみつけるように見つめていたのがきっかけだそうだ。面白そうな人がいるなと思って父が声をかけた。

母は、大学を首席で卒業した。卒業生代表のあいさつ文を父が書いた。母が卒業式でそれを読んだ。「なんだか意味のわからない難しいことがいっぱい書いてあった。きいていた人も何言ってるかわからなかったんじゃないかしら」と母は笑っている。

母の弟は東京歯科大学の教授になった。とても優しく朗らかな人だが、やんごとなき家の方と結婚されたので、あまり親戚付き合いが出来なくなってしまった。父が「僕ら下々の者とは親戚付き合いをしたらあかんらしい」と残念がっていた。

父がドイツに単身で行ってしまっても、市長になっても知事になっても大蔵大臣になっても、母はかわらず歯科医院を開業し、ずっと現役で歯医者をしていた。化粧もほとんどせず、美容院に行く時間が勿体ないと言って、クルクルとした天然ウエーブの髪を自分でグサグサと切る。その髪を首の後ろで無造作にきゅっと束ね、手弁当をかごに入れた古い自転車に乗って出かけ、毎日毎日朝から晩まで働いていた。

現在、医院こそは閉じたけれども、学校やご老人の施設などで歯科検診をつづけ、ときにはパキスタンなど戦争中の国にもボランティアで出かける。

水泳と登山、花や鳥などの自然が趣味で、医院を閉じてからはじめた。そしてそれらは半端ではない。四万十川で十キロを泳ぎきったと言っているし、日本アルプス、外国の山にも登る。雪山のロッククライミングにも挑戦しているらしい。

昔、母が白内障の手術で入院したときのことだ。「ひとりで行くからいいわよ」と言う母に、むりやり荷物を持って病院までついて行った。その荷物がやけに重たい。異様に重たい。一体何が入っているのかと思い、母にきいてみると、にっこり笑ってかばんの中からダンベルをとりだした。そして「病院だと運動できないだろうから。身体がなまるからね」と言った。

そういえば父の次に知事になった稲葉稔さんの奥様は、ご自身が身体をこわしたとき、ぬかみその重い甕を持って入院し、病室で毎日せっせとぬかをかきまわしておられたなあと、そんなことを思い出した。

白内障が治り、視界がくっきりとよくなった母は、お見舞いに来てくれた友達の顔を見て「わぁ、汚い顔！皺がいっぱい」と言った。…お友達、笑ってくださってありがとうございました。

「私、長生きできるかしら」と言った母に「憎まれっ子世に憚るって言いますからね」と私の実母が言ったのも、この入院の思い出。母は爆笑してくれた。…よかった。後に実母は大変反省していた。

根が真面目な母は、父が家族に相談をせず政治家に立候補したことや、いつも秘書がついて秘書に何もかも頼りきっている（つまり他人に甘えていると母は言う）、そして、父のおおざっぱで、いつもへらへらと笑っているところなどが気にいらないらしく、よくぷんぷんと怒っているが、「でも、基本的には尊敬しているから、ずっと一緒にいられるのでしょうねぇ」とあきらめ口調でいつも悪口を締めくくる。

これも昔、父が現役の政治家の頃、テレビのインタビューで、父が部屋の窓を開けたまま外出し、野良猫が入り込んで家の中が滅茶苦茶になったことに腹を立てていた母が、「ご主人は一言で言うとどんな方ですか」ときかれ「あんな勝手でいいかげんな人はいない」と言い放った。ひゃあぁ。選挙の為の候補者の宣伝番組だった。そのまま流さないでよ、びわ湖放送！

新党さきがけ所属国会議員の夫人たちの昼食会があって、その中の一人が「武村先生のせいで、さきがけの人気が落ちてきた」というような事をおっしゃったらしい。一瞬しーんとなったそうだが、母が我が意を得たりとばかりに「そうなのよ！だいたいあの人は勝手でいいかげんで！！！」と父の悪口をまくしたてたので、相手の人は黙ってしまい、その場は笑いで包まれ、夫の悪口合戦になっていったそうだ。

後日、その会合の請求書が母のところに届き、一人八万円という金額を見て驚き、「あなたにとっては八万円なんてたいした金額ではないかもしれないけど、他の出席者のことを考えなさい。なんて非常識な」と幹事（有名政治家夫人）に電話をかけて、延々と説教したのは言うまでもない。

母の話を書き出すと際限なくいろいろなエピソードが思い出されて、それだけでまた一冊の本が書けそうである。とにかく、私が想像していた代議士の妻というものからは対極にいると思う。

父が旭日大綬章をいただいたとき、父と母は皇居に行き、天皇陛下じきじきに勲章をいただいたが、帰ってきて「私がもらえたわけじゃないからつまらないわねぇ」と言っていた。皇后美智子さまが「奥様は、いつ見てもとてもお元気そうで」とおっしゃったわよ、と豪快に笑っていた。父が、美智子さまは「奥様は縄跳びを続けていらっしゃいますか」等々、お出会いするといつも母のことをきいてくださると言っていた。

母は根が純粋な人だ。人がどう思うかより、人に何をしてあげられるかをいつも考えている心根の優しい人だ。たぶん。言うことは遠慮なくズバズバ言うけれど、裏がない。腰のひくいお辞儀の仕方だけは代議士の妻としてプロ級だ。あれはなかなか真似ができない。

ある週刊誌に母のことを「滋賀の土井たか子」と書いてある記事があった。ちょっと笑ってしまった不謹慎な嫁である。でも笑っている私に父が言った。

「土井さんという人はね、マスコミから受けるイメージとは全く違って、奥ゆかしくて思慮深くて、一歩下がっていつも他人を立てることができる素晴らしいヤマトナデシコなんだよ」と。えっ、そうなんですか。それは知りませんでした。土井先生、大変失礼しました。

二〇二二年、母は瑞宝双光章を受章した。そのニュースをきいた父は、自分の時以上に喜び、そして母本人よりも嬉しそうに、本当に嬉しそうに「ちーちゃん、おめでとう」と母に言った。

孫

義姉の陽子さんのところに初めて孫が生まれたときには、まだ何となく照れくさそうで、「おじいちゃん」と呼ばれることに少々抵抗もあったようだが、政治家を引退してからは一人で四人の孫を遊びや散歩に連れて行ってくれたり、まだ小学生の陽子さんの下の息子を学校まで迎えに行ったりもする。堂々としたおじいちゃんぶりである。

陽子さんが「じいじ」「ばあば」と呼ばせていたので、私も自然とそう呼ばせるようになった。父が「じじいとは何ごとや」と言うので、「じじいではなく、じいじだよ」と何度も説明したのだが、自分で「じじい」を定着させた。「じいじはね、昔はちじで、今はじじいなんだって」と父に教えられた孫たちが言っていた。

最近どういう心境の変化か「みんなも大きくなったから、これからは、おじいさんと呼んでください」

と孫たちに言っていたが、「何でいまさら呼び方を変えるの。じいじでいいやん」とみんなに却下されていた。

自分の娘、息子のときは、運動会や参観などの学校行事に参加することは全く不可能だったらしく、それがあたりまえだと思っていたようだが、孫の運動会や学校行事を見にきて、他家の親や祖父母の白熱ぶりに大変驚いていた。

変なおじいちゃんでもある。

お年玉は、孫からおじいちゃんおばあちゃんにあげるものなのだよと、もの心ついた頃から教え込み、毎年孫から百円玉のお年玉をもらって喜んでいた。孫たちが大きくなってからは、お年玉をくれるようになったが、全て小銭だった。いつも財布は持たない。釣銭の小銭を家に帰ってきたらズボンのポケットから出し小箱に入れて、それを毎年正月に出してきてくれた。

すいかは種を食べるものなのだよと教えたものだから、息子などは、きれいに種をほじって、種だけをぽりぽりと食べていた。

「お話きかせて」と言う娘に、次のような話を即興で作って話ししていた。

「昔々あるところに、Yちゃん（娘の名前）という大変かわいらしい女の子がいました。じじいとYちゃんは川へ洗濯に行きました。すると、大きな桃がどんぶらこどんぶらこと流れてきました。あんまり桃が美味しそうだったので食べようと思って桃を切ると、中からなんと、鬼が出てきました。鬼はかわいらしいYちゃんをあっというまに飲み込んでしまいました。じじいがびっくりして大騒ぎしていると、Yちゃんはすぐにお尻から出てきました。じじいは涙を流して喜びました。めでたし、めでたし」そして、娘と二人で笑いこけていた。

孫たちと京阪電車に乗った時の事だ。その時、車両には私たちの他に乗客がいなかった。おちゃらけが父から遺伝している幼い三人の男の孫たちが「やったー、貸し切りだ！」と手足を動かして踊りだした。私が「あかんよ、座りなさい」と言っても「僕らしか乗ってないから」ときかない。その様子を見ていた父が「しょうがない子たちやな」と立ち上がった。注意してくれるとホッとしたのは一瞬のことだった。ちょっと！一緒に踊らないでください！

父が新党さきがけの党首になって、連日マスコミに追いかけられていたとき、私は育児の真最中で、子どもたちを追いかけまわしていて、ほとんどテレビを見ることができなかった。たまにテレビをつけると、ニュース番組はもちろん、討論番組、バラエティ番組にまで父の姿を見る事ができた。あっというまに父は時の人になっていたようだった。

でも私たち家族は、それまでと全く変わりのない日々を過ごしていた。

参議院議員選挙の時だったと思う。ＮＨＫが「党首を追って」という特集番組に出てほしいと、子どもたちに出演依頼をしてきた。全国をとびまわり久々に地元に戻った父が、地元候補の応援演説をして、選挙カーの上から孫たちを見つける。忙しくてめったに会うことのできない家族。そして演説が終わった父に、孫たちが駆け寄り、父が駆け寄って抱き上げる感動の場面を撮りたいということだった。

子どもたちの成長ビデオを撮ることが生きがいになっていた親バカの私にとって、それはちょっと嬉しいお話だった。当時は小学校低学年だった陽子さんの上の子どもと、幼稚園児と幼児であった私の子どもたちが現場に行った。

「今日は、じいじのお手伝いに行くよ」と言ってつれて行った。父の演説が始まった。陽子さんと二人で、子どもたちに、「じいじのお話が終わったら、じいじ！って言って走って行ってね」と言った。

「はーい」と気軽に走って行ってくれると思っていた。ところが、子どもたちは、「ええ～！無理」「おかあさんもついてきて」としり込みして、全然言うことをきいてくれなかった。「なんでー。お願い。走って行ってくれるだけでいいから！」

陽子さんと私は焦ってきた。そうしているうちに、父の演説が終わり、父が選挙カーから降りてきた。でも、子どもたちはもじもじして、近くに行こうとしない。大勢のＳＰや警官が父の周りを固めているから、ものものしい雰囲気である。テレビカメラが数台ライトを光らせている。父は父で、家で見るぼさぼさ頭でへらへら笑っている父ではなく、髪を綺麗に撫で付け、オーラを放っている。これでは確かにしょうがない、子どもたちには無理な注文かもしれない。子どもにはやれと言っておきながら申し訳ないが、私だってやれと言われたらいやだ。父が苦笑いしながら寄って来て、子どもたちはオドオドと愛想笑いを浮かべ、何だかとってもなさけない対面となってしまった。

そして、その場面は、しっかりカットされ、全く放映されなかった。

あれから十年近く時がたった旭日大綬章の受章パーティの時には、四人の孫が揃って、大好きなじいじに花束を渡した。何百人ものお客様を前にして、孫たちはあいかわらず照れくさそうだった。

4人の孫たちとファミリーレストランにて

孫に大人気のじーじ

父の兄弟

父は六人兄弟の四番目。姉二人、兄一人、弟一人、妹一人の兄弟構成である。兄弟のみなさんは、気さくで優しくほがらかな人たちで、そしてあまりに素朴で、腰の低さは驚くほどだ。お姉さん方は穏やかで控えめで、本当に素敵。選挙の時などは運動員みんなの癒しだった。父の代理で挨拶に行かなければならないときは、口数少なく「弟をよろしくお願いします」と言って、ただただ頭を下げられていた。

子どもの頃に両親を亡くした父の母親がわりで、外見が父に一番よく似ているお姉さんがテレビで「正義さんは、昔から腰を抜かすようなことばっかりしてくれるのですわ」と、本当に大変だったんですよ、ちょっときいてくださいよ、とばかりにインタビュアーに訴えておられたのを見て、私は思わず笑ってしまった。

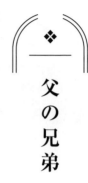

父は八日市高校時代は社会主義に走って、無期停学謹慎処分を受け、処分中なのに校門前でビラをまいた。テストは白紙で提出した。学校は追い出されるように卒業させてもらえた。その後せっかく入学した名古屋大学工学部はどうも自分に合わないと休学して、永源寺にこもった。受験しなおして入った東京大学教育学部と経済学部を卒業したが、その学生時代には学生結婚をして子どもまで生まれた。

国家公務員になるための試験の成績が大変よかったので大蔵省を選ぶこともできたし、都市銀行や大手企業にも合格していたが、まちづくりに興味をもち、父は自治省に。やっと落ち着いたかと思ったら、官僚になったとたん単身でドイツに行ってしまい、帰国したら市長選挙に出ると言う。市長一期目任期中に知事選挙に出ると言い出し、革新に押されて知事になり、オール与党体制を作りあげ、三期目途中で自民党から衆議院議員選挙に出馬するという。そして衆議院議員時代には自民党を飛び出し新党さきがけを作った。

田んぼに囲まれた静かな農村にある武村家である。やんちゃな父に、みなさんさぞ驚きの連続だったことだろう。

私が武村家に嫁に入るときの緊張をほぐしてくださったのは、父の兄弟姉妹の方たちだった。私に何一つ注文めいたことを言われることがなかった。にこにこと「おめでとう、幸せになりや。私らはいつも貴女のみかたになるからね」と言ってくださった。その優しさは十年以上経った今も、全く変わりなく、私の心を癒してくださる。

私に子どもが生まれたときも、そのお食い初めには、父の姉妹のみなさんが集まって、赤ちゃんの初めての食事をスプーンで口に運び、にぎやかに祝ってくださった。おかげでうちの子どもたちはとっても健康だ。

けれども、そんな仲のよい父たち兄弟を突然の不幸がおそった。

あれは二〇〇二年十月二十一日の朝だった。父のすぐ下の弟が亡くなったのだ。父と違って、ものしずかで、いつも穏やかに微笑んでおられた。背の高いとてもハンサムな方だった。東京大学を素晴らしい成績で卒業されて丸紅におられた超エリートだった。

東大時代、弟の授業料が免除になったことをきいた父が「僕は妻子もいる苦学生だ。そんなに成績が悪いわけでもない。なんとか僕も免除してもらえないか」と大学側にかけあったそうだが、「調べてもらったら弟ほどすごい成績ではなかったのでやっと半額にはしてもらえたけれど、弟みたいに全額免除にはならなかった」と言っていた。

「でも本当は一番上の兄が、兄弟の中で一番頭が良かった」と姉妹みんなが口を揃えて言われる。長男で両親がはやく亡くなられたので、家を守るために進学はあきらめられたそうだ。
そんな素敵な方たちは、私の憧れだった。

でも、父の弟は、突然帰らぬ人になってしまった。その数日まえ、社内検診でごく初期の喉頭癌が発見された。簡単な手術ですんだのだが、完全看護といわれて家族は付き添うことができず、術後ひとりで病室にいて、深夜に突然喉がつまった。よほど苦しかったのだろう、パイプをはずして助けを求めに廊下へ出た。そしてそのまま廊下で息をひきとってしまわれたのだ。

信じられなかった。悲しかった。悔しかった。あんな優しい人に、そんなひどいことがあっていいものだろうかと思った。

それから告別式まで、本当に悪夢をみているようだった。「あんなに穏やかでおとなしい弟が、こんな激しい死に方をするなんて…」と父が声をふるわせていた。

父が病に倒れ、数パーセントの奇跡で命をとりとめたわずか二年後のことだった。

父の兄、武村勘一さんは、家を守りながら会社経営に携わり、その事業を拡大させた人だ。二〇一二年には、九十才で「八日市市柴原南町二五〇〇年の歴史」という郷土史を出版された。出版した本を手に「正義のお陰で僕はワクワクさせてもらった。僕と正義はイケイケドンドンの性格だからね、大変だったけど楽しかった」とおっしゃった。「両親が早くに亡くなったから、僕が兄弟たちを育てなければならなかった。自分のことなど言っていられなかった。だけどまさか僕がみんなを見送るという役目まで負うことになるとは思わなかったな…」

身長百八十センチ超えの三兄弟が並んで田舎の道を颯爽と歩いていた姿が、昨日のことのように思いだされる。

父の兄弟

父の姉妹と家族の女性たち

下仲善一さん

父が知事の頃、父に秘書課にスカウトされ、父が国政に出るとき共に県庁を退職し、東京の議員宿舎で一緒に住んで父の一番身近にいて、初代第一秘書、そしてやがて大蔵大臣秘書官になった、父を語るとき欠かすことのできない人に「下仲善一さん」がいる。

下仲さんは、「すんません」「おおきに」と誰に対してでも大変腰が低く、ものごしの柔らかい温和な人だけれど、芯は肝っ玉の太い、男の中の男という性格の人だ。小柄な身体で「へ——くしょいっ」と特大のくしゃみをし、それが議員会館の端の部屋まで響くので、「今日は武村先生のところのおじいちゃんが来ているってわかる」と、他の部屋の秘書に言われたことがある。ちょっと頑固でもある。東京では下仲さんのような人を「いんごうじじい」というんだと笑いながら評した人がいた。

昔、県庁に勤めていた下仲さんが、ある日上司から与えられた仕事は、現役知事にたてついて知事選挙に立候補した候補者の演説中に野次をとばすことだった。律儀な下仲さんは「武村ぁ！馬鹿もん！帰れ！」と父に向かって大声で叫んだそうだ。

私が東京事務所の手伝いをしていた頃、「これから事務所のみんなでご飯を食べに行こう」と下仲さんがにこやかにみんなを誘ってくれた。

喜んで帰り支度をし、みんなで出かけようというその矢先、である。父がひょっこり事務所をのぞいて「下仲さん、ちょっとつきあってくれるか」と言ったとたん、「はいっ」と言って、嬉しそうにすっとんで行ってしまった。

私たちを誘ったことなどすっかりどこかへいってしまって、きっとしばらく思い出しもしなかったと思う。それはほんの一例で、私たちは慣れっこになっていて、約束を反故にされても、またやられたと言って笑っていた。

父が、どなたかに頂いた饅頭をよれよれのビニール袋に入れ、それを持って議員会館の廊下を歩いているのを見た下仲さんが「先生、大蔵大臣ともあろうものが、そんな袋を嬉しそうに持ってたらあきません。私が持ちます」と取り上げようとした。「なんでや。僕より年上の人に荷物を持たせられん」「あきませんて！」二人で真剣な顔をして、幼い子どものようにビニール袋を取り合いしていた。もちろん先に笑いだした父が負け、下仲さんの勝利に終わった。

外国の税関で色々質問を受けても、下仲さんは仏頂面で「わかりまへん」以外言わない。外国語と下仲さんの「わかりまへん」の大声が交互に聞こえてきて何事かと驚いた父が走って行って「言葉が通じなくても、少しは愛想笑いくらいするもんやで」と言って笑いながら通訳をした。「外国ではいつも僕が秘書」と言って笑っていた。

二人を見ているのは本当に楽しかった。周囲の人達はみんな、「下仲さん」と「うちの先生」が大好きだった。

自分の家では右のものを左に動かすこともしないという徹底的な亭主関白の下仲さんが、宿舎では、父の世話をやく。サトイモや冬瓜の味噌汁を作り、魚や卵を焼き、ご飯を炊いた。それがまた、美味しかった。

支持者の中にTさんという占いの先生がおられる。下仲さんと仲のいい方で、父が首相官邸の住人だった頃、Tさんから下仲さんに砂が送られてきた。当時、何かと父と仲が悪いと報道されていた細川護熙総理大臣と小沢一郎先生の通り道に撒くように、という手紙と一緒に送られてきたそうだ。律儀な下仲さんは、毎朝ひそかに、首相官邸の廊下の隅やあちこちのドアにせっせと、ごく微量の細かい砂をハラハラと撒いた。ずっとあとになって下仲さんからそれを聞かされた父は「えっ、ほんまにそんなことしてたんか」と驚きながらも、こみあげてくる笑いを必死でこらえていた。砂の方はあまりききめがなかったような気がしないでもない。

余談だが、東京に来たTさんが議員会館のエレベーターに乗ろうとしたら、そこからたまたま小沢先生が降りてきた。Tさんは「ちょっと失礼」と言って、小沢先生に近づき、先生の足元にササっと砂を撒いたそうだ。

下仲さんらしいと思えるエピソードをもう少し。

用事で東京事務所に電話をかけた時だ。父の国会答弁のテレビを見ながら、父にとって感じの悪い質問をされた石井一二先生にご立腹の真最中だった下仲さんが反射的に受話器をとった。「もしもし」と言ったとたん、「なんてことを言うんだああっ」と大声でどなられた。…電話をかけたのが私で本当に良かった。

昔、下仲さんの娘さんと「結婚させてほしい」と家にあいさつにきた青年には、玄関先でいきなり無言のまま、ホースで水をぶっかけたそうだ。

父に近づいて来た女性は、下仲さんによってことごとく撃退されたらしい。その中には有名人女性もいたが、下仲さんは容赦なく父の前に立ちふさがった。そして父がそれらの女性と話している間中、父の横でずっと睨み据えていたという。父は「おかげで全くもてなかった」そうである。

一緒にご飯を食べに行って、今日は私が払うと言っても、絶対下仲さんが払う。私からいつもお金をとってくれないので、一度お金を背広のポケットに突っ込んだら、歩きながらポケットからお金を出し、それを道路にひらひらと捨てて歩いて行った。ひゃあ。拾って、お金を払うことをあきらめたと言ったら、「やっとあきらめてくれた」と言って楽しそうに笑った。

さて、義姉の陽子さんのところとうちに合計四人の孫ができて、おじいちゃんになった父が「下仲さんは、いうことをきかないと、孫でも怒鳴り飛ばすらしい。祖父たるもの、いつもへらへら笑っとらんと、下仲さんを見習って、時には厳しく頑固にして、威厳をもたなあかん」と言い出した。孫がそろって遊んでいるところで、突然「こらあ！」と頑張って大声を出した父であったが、孫たちは四人ともきょとんとした後大笑いして、「じいじが怒ったあ、逃げろ」と言ってきゃあきゃあと逃げ出した。孫たちには、鬼ごっこの鬼くらいにしか思ってもらえなかったのだった。

そんな下仲さんが、私が結婚すると言った時は、誰よりも応援してくださった。いつもにこにこ暖かく包んでくださるのが言葉で言い表せないくらいに嬉しい。

父の側にはいつも必ず下仲さんがいた。政治家を引退してからも、父はしょっちゅう下仲さんを呼び出して散歩したり寺社仏閣を巡ったり、下仲さんが入院した時は「散歩コースや」と毎日お見舞いに行ったりしていた。何年か前、下仲さんが入院中、突然誰の事も認識できなくなったと御家族が大騒ぎされていたところに父が行って「下仲さん、わかるか」と呼びかけたら「せんせえ」と即にっこり反応したということもあった。本当に仲の良い二人だった。

父の入院中、検査に行く父を廊下で見送った下仲さんは、閉まったエレベーターの前で、何も言わず、ずっと頭を下げられていた。それが二人の最後の別れになった。

下仲善一さんと

そして下仲さんは父の忌明け前に突然体調を崩され、二〇二二年十一月十八日、父の後、二カ月も経たないその日、奇しくも父と同じ病気で、父を追うように私たちの前から居なくなってしまった。九十六才だった。

「先生、待ってくださいな」「なんや、もう来たんか。えらい早いやんか」ってやっている姿が容易に想像できる。

ご弔問に伺ったとき、下仲さんの奥様と母は「本当に仲が良くて羨ましいことですね」と、涙を流しながらいつまでも手を取り合っていた。

秘書

父の旭日大綬章の受章を祝う「旭日大綬章受章記念　武村県政同窓のつどい」が二〇〇五年三月十二日に滋賀県の大津プリンスホテルでひらかれた。その祝賀会の受付けに、何十人という数の歴代の秘書がずらっと並んでおられた。

つい先日までお世話になっていた人、ずいぶん長い間お会いしていなかった人。秘書をやめたあとの道はそれぞれで、父のように「楽隠居」しておられる人もいるし、国会議員、県会議員、市町村長、市町村会議員になっておられる人もいる。会社をやっておられる人も、ヨン様のおっかけをしている人もいた。あいさつしているうちに昔のことがいろいろ思い出されて、懐かしさで胸がいっぱいになった。

私は、父が知事から衆議院議員になった当初、自民党代議士時代に、東京の議員会館で、お手伝いをさせてもらった。

秘書の仕事には際限がないが、議員会館での私の仕事は、主に代議士のスケジュール管理と、陳情などに来られる来客へのお茶出しだった。お茶出しといっても来客は二、三人とかの時は少なく、普通一度に十人二十人という数で、しかも、ひっきりなし！　湯飲みを洗っては次、洗っては次だった。そしてしょっちゅう鳴る電話の応対、新聞や雑誌などの切り抜き、手紙や書類の整理。片付けても片付けても、いつも郵便受けはすぐ満杯になった。

議員会館に来られるお客様が玄関の受付で身分証明を添えて申請すると、受け付け係の方から部屋に電話がかかる。予め来館予定のある方に限り、どうぞ、と返事をする。返事をもらったお客様は入館証明書をもらい、空港のように厳重な警備の入り口を通って入館できる。そのお客様から事前に国会議事堂見学をしたいという依頼があった時、国会内を案内するのも秘書の仕事だった。議員会館に入館出来ても、そこから続く長い長い地下道から入る議事堂への入り口、議事堂内の本会議場や議員食堂など普段入れないところに案内するためには、通行証というものが必要だ。秘書は申請して一枚ずつ持っているのだが、それ以外のフリーな通行証は議員会館各部屋に一枚しかなく、議員一人一人の部屋をまわって人数分の通行証をお借りする算段をする。どの議員も来客予定が当然あり、なかなか貸してもらえないことが多く、私はこれでよくパニックになった。

その他、頻繁に行われる、他の代議士主催パーティの受付けを手伝うなど、毎日が忙しく、一日がまたたくまに過ぎていった。ご飯を食べるのがとても早くなったし、食べるのを忘れていることも日常茶飯時だった。

父のスケジュールは分刻みだった。毎日のスケジュール表に、いつもぎっしり予定を書いて父に渡した。たいてい毎朝早朝から派閥の会合があり、一日がスタートする。同じ時間に予定が重なることもよくあったが、出席の返事をした会合にはチェックを入れて、その他の予定もとにかく全部書いておくと、父が自分で考えて走り回ってくれた。毎日時間に追われていた。

それでも父は、ほんのわずかな空きの時間を見つけると、自分ですぐ、人に電話をかけ、約束をとりつけ、会いに出かけた。ちっともじっとしていない。少しくらい休んだらいいのにと何度思ったかしれない。本当に仕事、仕事の毎日だった。びっくりするぐらい元気だった。夜遅く宿舎に戻ると、いつも新聞記者が待っていた。記者が帰ったあとは、それからまた勉強で、数冊の本をいつも同時に開けていた。

戦前から歴代総理の指南役でいらした四元義隆という先生がおられた。波乱万丈、歴史的な出来事の裏でも走り回り、首相の暗殺を防ぐのに大きく貢献したという方である。

九十歳を超えてなお元気な方で、父はとても可愛がっていただいていた。その方が「武村君、君は毎日、一体どれくらい寝ているのだね?」と尋ねられ、「五時間、多くても七時間くらいでしょうか」と父が答えると、「そりゃ、多すぎるよ。私は若い頃からずっと、そして今も三時間以上は寝ない」と言われたそうだ。その話をしてくれながら、父は「人間の身体というものは、今以上にまだまだがんばれるのだなあ」と言っていた。

大事な会議を父に渡すスケジュール表に書き忘れてしまったことがある。平謝りをした私に、父が「おかげでサボれて、ちょっと身体がラクになった」と明るく言ってくれた。道を間違えて大遅刻し、「プロの運転手失格だ」と落ち込みまくって謝った運転手の依田さんにも「誰にでも間違うことはあるよ」と優しくなぐさめてくれたそうで、依田さんが「武村先生は、ほとけさまのような人だよ」と言っていた。

私たち秘書にとって、父は理想の上司だった。この仕事振りを有権者の人たちに見て知ってもらいたいといつも思っていた。選挙の時、後援会の方たちへのあいさつで母が「私たち家族を省みる時間もなく、ただ一心不乱に世の中のことを思って仕事に打ち込んでいる主人が、選挙だからといって、何故よろしくお願いしますと有権者に頭を下げなければいけないのか」と言い、ヒンシュクをかったことがあったが、私など、内心拍手喝采だった。

政治家を引退した今、東京神田の武村事務所で秘書をしているのは、衆議院議員時代からずっと父の秘書をしてくれている、昔はテレビドラマに出ていた町田朱実さん。私と凄く気が合って、父にとってもそうだが、私にとってもなくてはならない人だ。今でも町田さんと私はお互い何でも「きいてきいて」と報告しあって、武村ファンを競っている。

夫の家出

夫が家出をした。父が病に倒れたあとの総選挙の時だった。

直接の原因は、私だ。私が夫に、「病気で動けないお父さんの分も、選挙運動を頑張ってあげて」と、強く言ったのだ。夫が出先から「しばらく帰らない」と、メールをよこして、それきり、連絡がとれなくなった。

夫は日ごろから父親を尊敬しているし、大切に思っているし、父親が政治家をしていて、家にいることがほとんどなくても、子どもの頃から文句ひとつ言うことなく、今でも父親の仕事を応援する姿勢をくずすことはない。

でもそれは、「政治家・武村正義」を尊敬しているのであって、自分の人格や生活や仕事とは直接関係がないと考えているようだ。

「武村」という名前で、しかもかわいそうに顔が似ているので、すぐ息子だとばれるのだが、直接「息子さんですか」とたずねられると、「よく言われるんですけどね」と、否定とも肯定ともとれるような返答をしている。

政治家は家族親族があとを継ぐものだという世間の風潮はおかしい、と、この親子は、この点では、意見がぴったり一致している。もし夫が政治家になりたいと言っていたなら、違う選挙区で一から出て勉強して来いと、父は言うだろう。政治家には、政治家にふさわしい度量と人間性を兼ね備えた人間がなるべきだ、なりたい人間がなるのではなく、なってほしいと人々が願ってやまない人間がその仕事につくべきだ、と夫は言う。

でも、選挙区ではそうは問屋が卸してくれなかった。どこにいっても、「お父さんの次はあんたやで」「父親が偉大やと、あとが大変やな、がんばりや」等々言われて帰って来た。純粋に「武村正義」を応援しようと思って選挙を手伝っても、ひとは「武村の長男」として夫を見た。そうすると、だんだん選挙事務所に顔を出すことが苦痛になってくるのだった。

父が病床に臥したとき、「今回だけは、僕のかわりに僕の選挙を手伝ってもらえないか。なさけないが僕は動けない」と、はじめて父が夫に泣き言を言った。「動けないなら、動けるようになるまで政治を休むべきだ」と夫が言った。それをきいた私が父の肩をもって「家族なんだから手伝うべきだ」と夫を責めた。そして夫は家を出た。

父の後援会には、親族後援会というものもある。私が結婚したとき、その後援会の方に父の系図をみせてもらった。父から八代前の先祖にさかのぼって、そこから枝分かれして、いとこのはとこの嫁ぎ先の兄弟の…と何が何だかわからないくらい遠い遠い親戚まで、これがまたすごい数の人数で組織されていた。本来なら、私からさかのぼること八代くらい前からの親族がこれに加わって、えへん、といばって入会したいところだが、私は一人っ子で、実母は鹿児島、実父は京都の出身で、選挙区である滋賀県に親戚が全くいなかった。それで、ご、ごめんなさい…と、大量に渡された後援会入会申し込み用紙を一枚も書けずに小さくなって返品した。

選挙の時、親族のKお兄さんが「僕が親族調整係になってしまった。最悪の役まわりだ」と言って苦笑いしながらあいさつに来られた。「お兄さん、ごめん。夫が家出した」と言うと、Kお兄さんは、身体から力が全部ぬけたように「へえええ、そうかいな」と言って、しゃがみこんでしまった。

「本人が選挙に出られないもんやから、支持者の人たちがみんな、親族ががんばれと言って、そんな係ができたんやけど」とつぶやきながら、兄さん（父の実兄）は威厳がありすぎて、あちこちで怖がられてくるわ、奥さん（母）は正直すぎて、家の中の話やら正義さんの悪口やらあちこちで何を言い出すかわからんわ、おまけに息子は家出かいなと、魂の抜け殻のような顔をして、力なくへらへら笑っていた。

ごめんね、夫の家出の犯人は私です。なのに、ごめんね、お兄さん。親族調整係って、そのあまりに大変そうで誰もやりたがらないだろう気の毒な仕事に、思わず笑いがこみあげてきた私でした。

「もう手伝えと言わんから帰ってこい」と、父や私が一方的にメールを送り、留守番電話にメッセージを入れ続けたら、家を出て三日後に、「ただいまぁ」と、夫がさっぱりした顔をして帰ってきた。

今でも、「ご主人はお父さんの後を継ぎたかったのではないの？」ときかれることがある。その都度、私は「選挙を手伝ってと言っただけで家出されてしまいましたから」と、正直に言うことにしている。

近所の神社で家族らと　背広の足元は下駄

病魔との闘い

青い顔

二〇〇〇年、滋賀県内に数万人を有する女性後援会「草花の会」の会長、井田季子さんが亡くなった。井田さんは私たち夫婦の仲人でもある大切な方だ。

亡くなる二日前には、父や私の実母とも会食され、当日も元気に自転車で走っておられたときく。知らせの電話で実母が「井田さんが亡くなった」と泣き崩れても、「い、井田さんって誰」と間の抜けた言葉しか出てこなかった。まさかと思った。

その日、地元八日市の某県議会議員が武村派を脱退して自民党に入党するというのを止めるため、自宅で議員本人に説得にあたられ、その後、秘書の川上明成さんにそのことについて電話報告をしている最中に亡くなられた。「イタっ」と言って話がとぎれ、そのまま亡くなられたという。肺血栓だった。

その時、父は東京の慶応義塾大学病院にいた。時々起きる胸の痛みを調べてもらい、どうしようもなく危険な状態だということを医師から告げられていた。夜遅かったため、井田さんの訃報をきいても滋賀に帰ることができず、医師にも「動いたら、命の保証はありません」と言われた。

のちに当日帰れなかったことを、反武村派では「あれだけお世話になった支持者が亡くなっても駆けつけてこない」冷たい人だ、と噂していたときいた。

父は、帰りたくても帰れなかったのだ。自分はどうなっても仕方がないと、翌朝医師の忠告をきかずに病院を抜け出し新幹線に飛び乗り帰って来た。お通夜の間中、寒い中で立って、井田さんのご家族と並んで弔問客に頭を下げつづけた。雪が舞い、身も凍るほど、特別寒い晩だった。翌日の告別式の間も、家族の席でずっと頭を下げつづけた。青い青い顔だった。

私たち家族は、その時、まだ父の状態が最悪だということを知らされていなかった。普通に健康体だと思っていた。

告別式の帰りに秘書の小川郁夫さんがそっと寄ってきて、「実は先生は、心臓がちょっと弱っているらしい。もしかしたら少し処置しなきゃならないかもしれない」と私たちにショックを与えないように、立ち話の気楽な口調で言った。だから、大事だとは思わず、思いたくなく、運の強いお父さんのことだから、きっと大丈夫でしょう、と言い合った。でも実母は「大丈夫と思いたいけれど、あの青い顔は心配」と言っていた。夫も「遠くから目が合ったとき、目が何か言いたそうだったのが気になる」と言った。

慶応病院に戻った父は、医師団から「よく、生きて戻って来てくださいました」と出迎えを受けたそうだ。その夜、「武村先生が入院することになった。ちょっと処置するから、家族のサインがいるので、ご家族の誰か、東京まで来てくれませんか」と、小川さんから電話があった。

翌朝、「きっとバルーンで血栓を飛ばすのでしょう。全くいつも人騒がせな人だ」と内心の不安を隠して軽く笑いながら、夫が東京へ行った。

とっくに病院に着いているはずの夫からの連絡がない。「全くしょうがない親子ね」と、どんどん不安になってくるのをそれぞれが隠して表面で笑いながら、連絡を今か今かと待っていた。

夕方、やっと夫から電話がかかってきた。でも夫は何も話さない。

「東京にいるんでしょう?」「うん」そして、夫はやはり何も話さない。

胸に痛みが走った。夫は泣いていたのだ。

「どうしたの、何とか言って。何があったの。お父さん、癌なの?」

「いや、そうじゃない。とにかく、今すぐ、子どもたちを連れて東京へ来てほしい」と、ようやく言った。

武村の母と、夫の姉への連絡を夫に頼み、電話を切った。

そして父のためなら命も惜しくないと日頃から言っている秘書の下仲善一さんへ電話をかけ、それだけはかろうじて済ませた。

私は動転してしまっていた。実母に言うと実母も動転した。実母は震えがきて荷造りができないという。私の方がまだ平静かもしれないと思ってとりあえず、夫と子どもと自分の着替えをカバンに詰め込み、実母と、幼い子どもたちと、東京での子どもたちのお守りを頼んだ哲学道場の喜美子おばあちゃんと共に新幹線に飛び乗った。

あとで荷物を開けたら、とても東京で着られるしろものではない普段着や、役に立たないものばかりがつまっていた。

心臓手術

父の心臓の五本ある血管は、三本が完全につまっており、一本がほぼつまり、最後の一本がかろうじてどろどろの血を流していた。あと一度狭心症をおこしたらもう終わりだと、滋賀に帰る前日に医師から言われたという。手術自体が大変危険で、手術中に狭心症の症状が出たら助からないということだった。

私たちが東京に着いた翌朝、父の心臓バイパス手術が行われることになった。私と義姉の陽子さんは父を独りにさせたくなかったので、手術前の説明をきかなかった。みんなが別室で説明を受けている間、父と病室で談笑していた。もし、説明をきいていたなら、手術の間、私はじっと待つことができなかっただろう。聞かなかったお陰で、自分が死を宣告されたような顔をしている夫を、必死で励ましつづけることができた。

そしていよいよ、手術となった。

父は、落ち着いた顔をして、涼しく優しい目をして、「元気になったら、みんなでうまいものを食べに行こうね」と言った。

二〇〇〇年一月二十九日。慶應義塾大学病院の窓から澄み渡った空と、富士山が見えていた。

それからの一日は、永遠かと思うくらい長く感じられた。時間がゆっくりゆっくり過ぎていった。

そしてようやく夜になった。手術室から出てくる予定の父をＩＣＵ（集中治療室）の入り口で家族がそろって青い顔で待っていると、高橋栄一医師が「おめでとうございます、成功ですよ」と言いに来てくださった。本当は、小川聰教授から告げられるまで、他の医者が言ってはいけないのですけど、と、付け加えながら、本当に嬉しそうに言ってくださった。ああ神様、ありがとうございます！！天が、井田さん（女性後援会「草花の会」会長）が助けてくださったのだと思った。井田さんが、ちょっと先に行って、あの世の入り口で「武村さんには、まだ、することがいっぱいあるでしょう」と、この世に追い返してくださったのだと、本気で思った。父に、残りの人生をかけると言っていた亡き祖母の声も聞こえた気がした。

手術中はモニターで、動いている心臓と、縦に割った背骨をとめるところを見せてもらった。というか、見てしまった。私にとってあんな怖い動画、あれ以前もあれ以降も見たことがない。あれはどこの部屋で誰に見せてもらったのか、まったく思い出せないけれど怖かった記憶だけが鮮明にある。

…お父さん、生きて帰ってきた。

ICUに戻ってきた父に、夫が「よかったね」と言った。うっすら意識の戻っていた父は、わずかにうなずいてくれた。

子どもたちは、ホテルで、喜美子おばあちゃんにお守りをしてもらって待っていた。何故東京に来たのか誰も説明していなかったのに、私たちが晴れやかな顔をして戻ったら、「じいじ、元気になったのね」と言った。

心臓血管バイパス手術はおかげさまで成功した。

煙草はいけない、煙草は絶対やめなさいという高橋医師に「でも煙草を吸うとアルツハイマーにならないとアメリカの学会で発表されたそうですよ」と言い返すほど元気になった。しかしさすがの高橋医師、「それは、喫煙者はアルツハイマーになるまで生きる人が少ないからですよ」と切り返され、父はぐっとつまってしまい、それを見て「先生すごい」とみんなで大笑いした。

父の心臓は回復してくれた。けれど、術後肺炎になった。普通、手術前は一定期間禁煙しなければいけないのだが、緊急手術だったためそれが出来ていなかった。本当か嘘か、肺炎をおこさないよう痰を出すために看護師が背中をたたいたとき、父が寝ぼけて「無礼者」と言ったので看護師がびびってたたくのをやめたせいもあるかもしれないと高橋医師がおっしゃって、「無礼者」はしばらく父の周囲で流行した。

ヘビースモーカーだった父の肺炎はあっというまにひどくなり、肺膿瘍という重病になっていった。「どろどろで真っ黒で、こんな汚い肺は見たことがない」と高橋医師が言われた。入院は当初の予定より大幅に延長され、毎日の点滴に悩まされ、つらい日々がつづいた。この点滴は本当につらかったようで、じっと横になっていることができず椅子に座ってみるのだが、どんな姿勢をしてもくらくらふらふら、めまいと吐き気がしてどうしようもないと言っていた。

でも父は点滴の時以外はいつも明るく、秘書の小川さんや町田さんたちを笑わせていた。新聞には、「肺炎で入院」と載った。地元では「肺がんにちがいない」と噂がたった。

めったにニュース以外を見ることのない父が、入院期間中、テレビの時代劇を楽しんでいた。毎日、楽しみにチャンネルをまわしていたけれど、つらい点滴の間だけは、水戸黄門の「うっかり八兵衛の声がうるさい」と言って、テレビを消した。

腹部大動脈瘤破裂

幼稚園のＰＴＡ会議で、私は理事長の奥村展三参議院議員（当時）と会った。奥村先生が「夕べ会合で、親父、腹が痛いと言いだしてな。今日は朝から日赤に行ったはずやけど、何か連絡あった?」ときかれた。初耳だった。その直後に大津赤十字病院から連絡が入った。

心臓バイパス手術後、肺膿瘍にかかり、ようやく退院した直後の事だった。赤十字病院にとんでいくと、父は麻酔で腹痛を抑えてもらっていて、「この麻酔は気持ちいいなぁ。なんていう麻酔かな? もらって帰れないかな」などと、秘書の町田さんと談笑していた。

そして、まもなく始まる総選挙の前に、地元の病院で入院しているところを人に目撃されると大変だからと、腹痛の原因をかかりつけの慶応義塾大学病院でみてもらうために、朝一番の新幹線で東京に行く、と言う。念のため、私と町田さんが東京までついていくことになり、私はその夜は家に帰り、翌朝、上京の準備をして赤十字病院に戻った。

赤十字病院の病室で、麻酔の切れてきた父が、痛がっていた。痛くて新幹線に乗れない、と言う。新幹線に乗るため病院を出る時間の直前に麻酔が切れてきたのだ。

もし、もう少し長く麻酔がきいていて、新幹線に乗っていたら、父は新幹線の中で命を落としていただろう。また、天が、井田さんが、祖母が、父を助けてくれた。

内科の医師数名が、病室に機械を持ち込み父の診察をはじめた。そして、多分これは盲腸の痛みだろうという結論を出し、盲腸の手術をすることになった。そこへ様子を見にきた実母が「動脈瘤があるとまえにおっしゃっていましたよね、それは大丈夫なんですか」と言った。

医師団が再び腹部に機械をあてて調べ始め、「あ、これは…」と一同がいっせいに言った。動脈瘤あたりから出血のサインがあったのだ。内科から外科へとあわただしく医師団が入れ替わった。そして、院内の全ての予定手術に優先して緊急の手術が行われることになった。心臓バイパス手術から二ヶ月余りしか経っていない、二〇〇〇年四月十日のことだった。

武村の母と夫と町田さんと私が、執刀医の野本愼一医師（現京都大学名誉教授）の説明を受けに行った。野本医師は堅い堅い方だと思った。のちに、あの時は緊張されていたのだろうとわかってきたが、その時は本当ににこりともせず、怖い表情のままで説明を始められた。

普通、動脈瘤手術は破れる前だと助かる確率は高いけれど、破れてからだと、助かる見込みは非常に少ない。武村先生の動脈瘤は破れかけている、と。それから、手術が無事済んでも、生きれる確率は更に落ちる等々、おそろしいことを怖い顔でおっしゃった。

そこへ、看護師から緊急連絡が入った。血圧が急激に下がったという。野本医師は「しまった！」と叫んで、書類をばさばさっと床に落として立ち上がり、駆け出された。

私たちは足をもつれさせながら野本医師を追いかけて手術室へ走ったけれど、父はもう中に運ばれていて、会うことができなかった。手術の同意書へのサインもせず、医師の説明を最後まできくこともできず、父の顔を見ることすらできず、生きた心地もせずに、手術が終わるのを待つことになる。

その時、赤十字病院には慶応義塾大学病院の高橋医師のようなフレンドリーな医師はいてくれなくて、何の説明もなく、手術の経緯も分からないまま、ひたすら待った。

地元秘書の川上明成さんが駆けつけて来てくださった。県議会議員の白倉一路医師も武村同友会（後援会）会長の柳原正典医師も来てくださった。クリーニングしたての真白なシーツのかかった空っぽのベットが真ん中にある病室で、みんな黙りこくってお通夜のようだった。

余談を一つ。前日いったん家に帰って、当日の朝、秘書の下仲善一さんが再び病院に駆けつけて来てくれた。父の麻酔がきれてきて、痛くなってきたと連絡がいったからだ。

よほど慌てて来たのだろう、日ごろ身だしなみのきっちりした紳士の下仲さんが、入れ歯も入れず、歯磨き粉を口の周りにいっぱいつけたままとんで来た。そして病室に立っているのが秘書の町田さんだと思い込み、後ろからトントンと肩をたたいた。入れ歯のない歯磨き粉のついた口で、にこーっと微笑みながら。振り返ったのは、父の病気は父自身の不摂生と秘書の甘やかしが原因だと、かんかんに怒って仁王立ちになっていた母だった。

あのとき笑ったままの顔で固まってしまった下仲さんの顔が忘れられない。不謹慎だけど、今でも思い出すとお腹の底から笑いがこみあげてくる。

看護師が、手術が終わったと告げにきて、カウンセリングルームに集まって、みんなで野本医師の説明をきいた。

何とか、一応とりあえず、手術は成功したということ。腹部大動脈瘤が破れていたということ。これからしばらくの養生が大変だということ。それによっては、まだ命の危険があること…。そして、「こんなに出血していました」と、大きなビニール袋いっぱいのハンバーグ大の凝血塊を「ほら」と、目の前に突きつけられた。ひゃあ。

父に会いにＩＣＵに母と二人で入った。病院側が、人数は二人まで入ることを許可しますと言ったからだ。意識がうっすら戻っていた父が、「僕の病名はなんや」ときいた。「腹部大動脈瘤破裂です」と言うと、「大変やないか。マスコミにもらさんようにしてくれ」とそれだけ言って、うとうと眠ってしまった。とにかく生きて帰ってきてくれた。

それから父のいない病室は急遽選挙対策事務所と化し、会議が行われた。地元の病院では医師や看護師にも敵方はいるだろうから、慶応義塾大学病院の時のように隠し通せるわけはないので、各新聞社への病名発表をどうするかとか、そういったこと等が話し合われていた。

三日ほどたった晩のこと、ICUから、たまたま私が病室で待機していた時に連絡が入った。父が暴れているという。「助けてください！　とにかくすぐ来てください！」と内線電話の向こうから看護師が悲痛な声で言った。ひえー…。私だって怖い。

びびりながらICUに入って行くと、「ここは何処や！あんたらは誰や！」と、父が精一杯身体を動かそうとしながら怒鳴っていた。温厚な父のあんな声をきいたのは初めてだった。父は、ICU症候群にかかってしまったのだ。

のちに、「なんだか、誘拐されて監禁されているような錯覚をおこしていた。犯人たちが部屋の隅でぼそぼそと作戦をたてていると思った。怖かった」と述懐していたが、本当にこっちも怖かったです。

怒鳴っている父のそばに行って、「お父さん、どうしたの。大丈夫ですよ。みんなそばにいますよ」と、声をかけた。そうしたら、驚いたことに、その一言で、父が静かになった。

そして「あれ?ここはどこや」と言った。「赤十字病院のＩＣＵです」「ああ、そうか。僕は手術したんやな」と言って、そしてうとうと眠ってしまった。

ほっとして振り返ったら、あの大手術の直後ですら、規則ですから入室は絶対二人まで、と言っていた赤十字病院だったのに、ＩＣＵ入室衣服をつけ、シャワーキャップを被った秘書の人たちが数名、看護師に急かされ引っ張って来られて呆然として立っていた。

意識が正常でない状態だとしても、あんたは誰やと言われたら、ショックで立ち直れなかったかもしれないが、父は私の声に安心してくれた。そんなことがとても嬉しかった。看護師が感謝してくださった。

私の中で、この時から父は「夫の父」でなくて「私の父」になった。最初、暴れているときいて、びびってしまったことをおおいに反省した。

大勝負の記者会見

手術は成功したけれど、父の回復はなかなか思うようにすすまなかった。食べ物が何も食べられない。箸をつける気がおこらない。炭酸レモン飲料とソーダ味のアイスキャンデーだけが、かろうじて口に出来た。全国からお見舞いの品が山のように連日届けられたし、おいしいもの、珍しいもの、身体に良いとされるものを持って、たくさんの方がお見舞いに来てくださった。

「ありがたいなあ」と涙ぐみ感謝しながらも、全く何も食べることができない。食べ物を飲み込むことができないのだ。父はみるみるやせていった。そうしているうちにも、総選挙の日が近づいてきていた。

外科的には回復して退院の日が決まった。

でも実際のところはまだ食べることができず、手をひいてやっと部屋の中を数歩、手押し車を押して、やっと廊下を数歩、という状態だった。

そのころはあの堅くて怖かった野本医師もすっかり父に打ち解け、毎日様子をみに来られ、談笑していかれるようになっていた。

「顔がやせたので、メガネを小さくすると痩せたのが目立たなくていいかもしれませんね」という医師の提案で、はじめて病院を抜け出し、車椅子に乗ってメガネを買いに出掛けた。人に見つからないように、大きなマスクで顔を隠し、メガネを外し、帽子を目深にかぶった。

父のメガネは父のトレードマークになっていて、メガネの似合う有名人として「メガネベストドレッサー賞」に選ばれたこともある（一九九四年）。あるテレビドラマの中でジャニーズの人気アイドルたちが父のメガネのことを話題にしたこともあった。茶色の大きなフレームが、輸入が禁止されている鼈甲だとデマを流されたこともある。あれは地元の量販店で八千円で買ったプラスチック製のものだ。結局その時、別の小さめのメガネは買ったけれど、父はやっぱりあいかわらず、プラスチック製の、古くてよく見ると小さな傷がいっぱいの、あの八千円のメガネの方を今も愛用している。

二〇〇〇年五月三日の退院が決まり、元気な姿を見せるために、退院の前日、記者会見が行われることになった。一月末に心筋梗塞で倒れてから約三ヶ月ぶりに、人前に姿を現す。病室に美容師に来てもらい、すっかり白くなった髪を染めた。普段でもじっとしていることが苦手な父が、しんどくて、いつもに輪をかけて「まだかまだか」とせかすので、美容師が恐縮して早めに洗い流したため、当時流行の茶髪になってしまった。美容師をつれてきた「草花の会」幹部の森野八重子さんは、金髪に近い茶色に仕上がった父の髪を見て「ハ、ハロー」とひきつった声で言い、おろおろしている美容師さんの手をつかんで「さいならっ！」と、とんで逃げて帰ってしまったんだよ、と、父は笑っていた。

私も笑ってしまったけれど美容師さんには全く気の毒な話だ。デパートから服を持ってきてもらい、随分スマートになった父に合った服を選んだ。

当日、茶色の髪を即席で黒く塗り、ようやく立ち上がり、車椅子に乗り込んで、病院内に急遽設けられた記者会見場に向かうことになった。

記者会見場の入口で車椅子から立ち上がり、マイクの前まで数歩無事歩き、元気になった姿をアピール出来るかが勝負だった。私の頭の中には、父が官房長官だった時にいつも記者会見していた首相官邸の会見場の距離が勝手に浮かんでいた。

まず私が先に会場の様子を見に行った。ところが会場の階でエレベーターが開き、私は固まってしまった。エレベーターホールの前に数台のテレビカメラがあった。見物の入院患者さんもいっぱいいらした。

父の病室に飛んでかえり、「大変大変！！」と様子を伝えた。元気をアピールするための記者会見に、車椅子で移動するところを撮られたのでは本末転倒だ。みんな、真っ青になった。しばらく無言だった父が「行くしかないな」と言った。「倒れたらその時だ」と。

車椅子でエレベーターに乗り込み、エレベーターの中で立ち上がり、車椅子を後ろに隠した。エレベーターの扉がひらき、カメラが動き始め、たくさんのフラッシュがたかれた。ショーのはじまりだった。

父は笑顔を浮かべ、歩き出した。見物の方たちに会釈をし、時には片手を挙げ、挨拶しながら。会場は廊下の一番奥、しかもマイクの置いてあるテーブルはその部屋の一番奥にあった。永遠と思われる程の距離、時間。父は「武村正義」になって、歩ききった。しっかりした足取りで。

弁慶が身体中に弓矢を受けながら、ハリネズミのようになっても倒れず、立ったまま亡くなったときいたことがある。後世の人が作り上げた伝説に違いないと思っていたけれど、実話だったかもしれないと、そのとき、私はそんなことを考えていた。

野本医師から病状説明があり、完全な回復との宣言があり、選挙を戦うこと、政治家を続けることに何の問題もない。それどころか、今まで以上に健康体になった、と病院長から記者団への話もあった。看護師からお祝いの大きな花束をもらい、拍手で送られ、またエレベーターまで歩いて戻った。完璧だった。

エレベーターの扉が閉まったとたん、隠しておいた車椅子に倒れこむようにすわり、病室に戻ってからも、疲労困憊のためしばらく話もできなかった。

最後の総選挙

車椅子に乗って退院した父は、その足で小川秘書、依田運転手と共に亀岡にある湯の花温泉に湯治に行ったけれど、翌日、疲れて逃げるように帰ってきて、そのまま私の家で、リハビリの同居がはじまった。

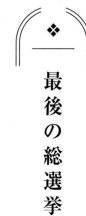

少しずつ食事もできるようになり、今日は五歩、今日は十歩と歩数を増やした。一歩を五十センチ（父の歩幅は通常七十センチくらい）と考えて歩数を数え、距離を増やしていった。部屋を歩き、廊下を歩き、庭を歩き、田のあぜ道を歩き、公園を歩き、山道を歩いた。大塚製薬の会長の葬儀で徳島まで車で出掛け、人が大勢見ていたので、「もうあかん、本当に心臓が止まりそう」になりながら、三階まで階段を上がることができ、立って弔辞を読めた。百メートルは何とか疲れずに歩けるようになった頃、総選挙の準備が本格的に始まった。

今度は寒気に襲われた。もうすぐ夏だというのに寒い寒いと言う。太陽の光が降り注ぐ高温の車に乗り込んで、窓を閉め切り、分厚い下着を着てカイロを貼り付け、上着を着込み、「ちょうどいいなぁ」と言う。こればかりは、周りが悲鳴をあげそうだった。たまに一緒に乗るだけでも息が出来ないくらい暑く気分が悪くなった。専属運転手の依田さんの辛抱と体力には、頭が下がる。

さきがけの政党コマーシャルをとることになった。他にセンスのいい案もいくつかあったが、父は元気をアピールするため、琵琶湖畔でラジオ体操をして、バックに「一、二、さきがけ」と音頭が入る、というストーリーを選んだ。…一、二、さきがけって…選びますか、それを…と私は思ったが、でもとにかく当時は、本人と選対は何より元気回復をアピールしたかったのだ。青白い顔にドーランを塗って、ふらふら立ち上がり、カメラの前で手足を動かし、ラジオ体操もどきをした。

私たちは、よくここまで回復したと思って嬉し涙も出たが、結果的には病気だったことを知らなかった有権者にまで、やせて青い顔でふらふらのラジオ体操を披露してしまい、支持者のみなさんには大層心配していただいたのだった。

真実は、元気とは程遠かった。二〇〇〇年六月十三日、ついに選挙が公示され、毎日這うように布団から出てきて、ようやくわずかなご飯を口にして、一日一～二カ所だけ選挙カーと合流して一言二言、街頭演説をする。たまに個人演説会に出席し有権者に顔を見せる。それがやっとだった。

選挙カーには、父の代わりにさきがけ参議院議員で俳優の中村敦夫先生や、作家の石川好先生たちが交代で乗ってくださった。父は家で新聞やテレビや世論調査の解析会社データとにらめっこして、うちに選挙参謀を呼んで、連日選対会議をしていた。そして歩く練習立つ練習、声を出す練習をした。

父の義弟が仕事を全面的に休み、父と一緒に行動してくれた。あとで知ったことだが、支持者や相手陣営の人たちは、見慣れない恰幅のいいその義弟をみて、「武村さんは医師をつれて歩いている。病気の症状がひどいに違いない」と思ったそうだ。

父は、地元の筆頭秘書の川上さんと毎日電話で連絡をとりあっていた。空元気を装っていた父が、川上さんが面会に来たある日、ぽつりと「迷惑かけてすみません」と川上さんに言った。川上さんが「何言うてますのや。一番辛いのは先生ですがな。そんなことを言わんといてください、私らは大丈夫です」と、おっしゃった。「ありがとう」父は声を詰まらせていた。父の声が震えていた。

投票日二日前の夜、秘書の下仲さんから「えらいこっちゃ」と慌てた声で電話があった。支持者の占いの先生が「武村さんと血の繋がった者が今すぐ、武村さんが生まれた家の近くにある玉緒神社にお参りに行きなさい。間に合わないかもしれない」と言われたという。「急いで行って！」と言われ、眠そうな子どもたちを車に押し込んで、八日市に走った。

選挙戦終盤、ＮＨＫ、そしてどの新聞も、武村優勢の文字が躍っていた。データ会社のはじき出した数字も、どこも武村が圧勝の勢いだった。最終日、雨の降る夜、個人演説会場の八日市高校の体育館には次から次へと人があつまり、あふれかえる熱気につつまれた。「小西さん（相手候補）の涙雨や」という声があちこちから聞こえ、誰も勝利を疑わなかった。

二〇〇〇年六月二十五日、投票日当日、父は投票をすませ、いったん私の家に戻って来てから、突然荷物をまとめて、選挙で母も帰れずに空き家状態だった自宅へ帰って行った。二ヶ月間同居していたいついつ自宅に帰るねという話など全くないまま、「お世話になりました」と、あっというまに出て行った。本当に父らしい帰り方だと思った。

父が自宅に帰って、約二ヶ月ぶりに時間のできた私は、実母と子どもたちとで、その日、選挙の神様といわれている甲賀市土山町の若宮神社にお参りにいった。父が選挙の度にお参りに行っていた神社だ。「今回は父が病気で来ることができませんでしたが、どうぞよろしくお願いします」と、自分のことでこんなに真剣に祈ったことはないと思うくらい真剣に祈った。でも、父の代わりでは、願いは叶わなかった。

その夜、テレビで、武村落選のニュースが流れた。解説者が絶句して、無言になり、アナウンサーがその解説者に数度呼びかけていた。夢を見ているようだった。とびきりの悪夢だ。その後しばらくのことは、何も覚えていない。

選対事務所には、万歳を言うために詰め掛けた大勢の支持者の方々と、大きな花束を持った赤十字病院の野本医師の姿もあったそうだ。

何故、最後まで優勢が伝えられた父が落選したのか。それには色々な説がある。病気であったこと、自民党と組んだ公明党が全て敵方についたことに加え、父のことを「過去の人」とテレビで言い放った、父よりはるかに年配の自民党の大物代議士が、最終日間近の夜中に数度お忍びで選挙区を訪れ、地域の代表を集めて締め上げたというのが、本当のところではないかと思っている。

でも、負けはしたが、得票数は前回の圧勝の数字を一万票近くも上回った。

さきがけの頃から人の応援で全国を走り回って、自分の選挙区には、あまり戻ることができなかったが、今回は病気のための本人不在選挙だった。

落選の当日、夜中に父から電話がかかってきた。「政治家としては悔しいことだけれど、人間武村正義六十五才がこれからを謙虚に考えるのに、いい機会かもしれない。これも天の声だと思う」そして、「これからの人生、元気に生きていきます」と、淡々と、思ったより明るい声で言ってくれた。そしてしみじみと「あれこれ言いたいことはたくさんあるけどね、やっぱり落ちたのは油断かなあ。それに相手の小西さんがよく頑張った。敵ながらあっぱれや」とつぶやいた。

翌日、東京に行き、翌々日、滋賀に帰って来た父は、うちに立ち寄り、庭に飾ってあった七夕の短冊を楽しそうに見ていたが、急に無言になった。何だろうと思って父の手元を覗き込むと、小学二年の娘と幼稚園児の息子の幼い字で「じいじがとうせんしますように」と書いてあった。

幽と明と

父が腹部大動脈瘤破裂で入院していたとき、病室のベッドで父が書いていたノートを私が持っている。おそらく、父自身も書いたことを忘れているのではないかと思うのだが、その一文を紹介したい。

《淡い草色の春がもえている。うぐいすが朝からひっきりなしに鳴いている。この美しい声に優る音は、この世ではみつけられまい。キツツキも負けじと鳴く。

桜花繚乱。白い花びらをおしげもなく春の梢風が奪っていく。名前をしらぬ新しい花が点々と姿をみせ、淡い緑の木々も日一日とくっきりしてくる。

今朝はまだ6時前だ。カーテンを開けて、目の前の長等山を眺めていると幽明一如の心境になってしまった。

あっ、あれが観音様だ。あの一番高い、あれが阿弥陀如来だ。ふっと下の方をみると不動明王が立っている。阿修羅も。閻魔も。ああ、この山があの世なのか。

私はこのながめに忽然としながらも、無意識に窓をあけなかった。窓を開けたとたん、私のたましいも体も、すうっと長等の山に吸いとられてしまう気がしたのだ。この三途の川を一瞬にして渡ってしまっただろう。幽と明とは境も壁もない。

無意識に窓に手を出すことをしなかった。そのことのために、私は今もこの世にいる。多くの人々の手で助けられ、担がれて、かろうじてこの世の橋を今一度わたりかけている。「腹部大動脈瘤破裂」という手術を担当いただいた主任医師の野本さんの言葉をかりれば、「やっぱり神は、武村さんを生かして、もっと頑張って貰えということじゃないですか。私にはそうきこえました」そういうことなのだろうか》

父はあの世の入り口まで三度行ってきたけれど、私たちのところへ帰ってきてくれた。

今まで政治家として頑張ってきたことに対しては、昔の勲一等である、旭日大綬章を天皇陛下直々にいただいた。二〇〇六年の秋には、大津市三井寺法明院の境内に、「きらり碑」という父の記念碑が建立された。

それは父にとって一つのくぎりになったと思う。

そしてこれからは、政治家としてではなく、「人間武村正義」として、信念をもって、やはりぶれることなく真っ直ぐに歩きつづけてくれることと私は信じている。

追記

二〇二〇年に新型コロナウイルスが広がり自粛生活を強いられるようになるまで、義父はほとんど家に居ることはなかった。

引退後も現役の政治家たちとの会合を続け、選挙応援を依頼されてしょっちゅう全国をまわっていた。講演や執筆活動も忙しそうだった。大学教授をして若者の育成に力を入れた。テレビや新聞、雑誌のインタビューをよく受けた。中でもＴＢＳテレビ番組「時事放談」にはレギュラー出演していた。あちこち旅をし、よく海外にも出かけていた。

特筆すべきは地球環境のために、汚染されてどんどん拡大し黄砂をまき散らしている中国の砂漠に植林し続けたことと、草の根政治の根本だと言って自治会長を二度、経験したことだろうか。「すべての人がすぐれている。」人が好きで、義父はいつもそう言っていた。

義父の中の水晶の部分がキラキラ輝いていた。

家の中で義父が怒ったり声を荒げたのを見たことがない。たまに溜息はつくが、説教したり自分の考えを主張したりしなかった。誰かが意見を言うと「よし、そうしよう」とすぐのってくれた。誰かが辛いときには寄り添って話をきいてくれた。よく手紙を書いて置いておいてくれた。出会いあり別れあり、家の中も問題山積でいつでも平穏というわけではなかったが、義父はいつも真摯に真正面から向き合ってくれた。頼りがいがあるというのとはちょっと違う。義父はいつも明るく笑っていた。穏やかな義父にどれだけ救われたことだろう。

そんな義父にも欠点はあった。電球ひとつ変えることにも苦労するほど不器用で、家事を手伝おうとしては失敗して周囲の仕事を増やした。そして、家庭をもつ人として最大の欠点は、やりたいことがあれば家族の誰に相談することもなく即断で勝手に行動してしまう自由人だったことだと思っている。

病気をたくさんした。本書に書いた以外にも肝臓がん手術、心臓弁膜症手術、腸憩室出血、頸椎ヘルニアの他、顔面を強打して前歯を折ったり、腎臓も弱ったりして何度も入院したが、その都度ものすごい努力で起き上がり、リハビリをし、治ってはまたすぐ出かけていった。泳ぐのを休んだら命を落としてしまう魚のように、少しもじっとしていなかった。

地球環境や日本の未来など、いつもはるか先をみていた義父の考えは、私などは現在になってやっと理解できることも多く、打ち出してきた政策は今なお新しい。滋賀県内はもちろん、日本国内、世界各国、至る所に義父が携わった事業が息づいている。

でもそれは、義父を支え、応援し、愛してくださった人たちが居たから実現できたことだ。田中秀征先生は「さきがけ新塾」の追悼文でこう書かれている。「私が彼を信頼していた最も大きな理由を語っておきたい。それは何よりも彼の支持者の質の高さであった。（中略）周りで手足となる秘書の人たちや、地元後援会の人たちが実に真剣に武村さんを支え続けた。特に草花会という女性の後援会は強力で、武村さんはよく「草花会のひとにおこられないように」と口にした。武村さんが政界で一級の役割を果たしたのは彼の資質や努力もさることながら、良質な支持者に支えられたからだと私は感じている」と。全くその通りだと思う。義父は本当に幸せな人だった。

中国の砂漠に植林する

おわりに

二〇二二年九月三十日の晴れ渡った日、白い布に包まれた小さな箱にはいって義母に抱かれた義父を乗せた車は、琵琶湖大橋を渡り、きらきら光る琵琶湖に別れを告げ、「この道を作るのは本当に苦労したんだよ」と懐かしそうに言っていた思い出の湖周道路をゆっくり走って生まれ故郷の東近江市へ向かった。

義父はあまりにも突然、私たちのまえから消えてしまった。

さみしがりやで、入院するといつも「まだ帰らんといてぇな」と言って病院の玄関まで送ってくれた義父だった。腎臓を悪くした最後の入院の時はコロナ禍で、家族は約二ヶ月間、面会することが出来なかった。電話したりオンラインで顔をみることは出来たのだが、側に居てあげれなかった。

たまに病室から検査室に異動する時間を教えてもらえた。病棟から出た所にあるエレベーターホールで、何メートルも離れたところから「おとうさん」と呼びかけると、とても嬉しそうな顔をして「アイム、ファイン！」と大声を出してガッツポーズをしてくれた。「お寿司をもってきて！うなぎも食べたいな。退院したらまだ西瓜はあるかな」と、大きな声でそんなことも言った。食欲はすっかり失せていたはずなのに、明るく笑って手を振ってくれた。

そして、「急だけど、ちょっといまから行ってくるね」と空港から電話をかけてきて飛行機に飛び乗ってしまうときのように、ひとりでいってしまった。


九月二十八日の夕方、病院から緊急連絡を受けてとんでいった私たちだったが、義父に会うことはできなかった。義母がオンラインでよびかけると、止まった心臓が一瞬脈うった、と、「長くこの仕事をしてきましたがこんなことは初めてでした」と医師がおっしゃった。「穏やかで和やかな方でした。私たちにも丁寧に接してくださった。ご家族の代わりにはなれませんが、私たちはしょっちゅうお部屋に行かせていただいていました。静かで暖かな日々でした」

「好きな食べ物はなんですかとたずねたら、奥さんの作るごはんが一番美味しかったと言っておられましたよ」とも。

義父の生家、武村家は浄土宗だ。彦根藩主井伊家の菩提寺である浄土宗「弘誓寺」（東近江市建部下野町）の稲岡正純住職は義父の兄、勘一さんの友達で、義父とも縁が深い方だった。突然の事で途方に暮れている私たち家族を見かねた勘一さんが稲岡住職に頼んで、弘誓寺の本堂で告別式のお経をあげて頂くことができた。

その日の晩、三日月大造知事に訃報を伝え、滋賀県が発表した直後から深夜まで、家の電話が鳴りやまなかった。0時を過ぎても玄関のチャイムが鳴った。

後で知った事だが、勘一さんや秘書の町田さん、草花の会幹部の神田さんはじめ、義父に近い方々の電話も鳴り続けたそうだ。

義父もみなさんにお別れを言いたいに違いない。でもその時は、家で弔問に来てくださる方々を迎える事は不可能な状況だった。高齢の義母はすっかり体調をくずしてしまっていた。稲岡住職のご厚意にすがり、義父には忌明まで弘誓寺に居てもらうことに皆で決め、家族は毎日弘誓寺に通った。弘誓寺では、弔問に来られる方々を本堂にて迎えてくださった。感謝の言葉では言い尽くせないほどお世話になった。

義父が浪人時代に住み込んでいた永源寺でもご厚意で一週間、本堂に義父の位牌と遺影を置いてお参り出来るようにしてくださった。年末には滋賀県知事公館にて「武村県政を振り返る企画展」や、歴代の知事さん方主催でお別れの会が開かれ、年があけてからは、各支援者団体主催でお別れの会が開かれた。東京では政治家、官僚、秘書さんたち主催のお別れの会が、生まれ育った玉緒地区では追悼企画展が開かれた。そして初夏には「新党さきがけ三十周年」だ。

日本の財政問題の責任を被り、同僚に排除されて政界を退いた義父は悪役として歴史に残るのではないかと、私が勝手にずっと心配していたマスコミの記事やテレビニュース、そしてＳＮＳは暖かい言葉であふれていた。

おとうさん、おとうさん、きいてきいて。みなさん、ちゃんとおとうさんのことを見てくださっていましたよ。「ほうかぁ、よかったなぁ」って、笑ってくれてますよね、おとうさん。

最後に、「たくさんの人に読んでもらいたい」と言って応援してくださった、さきがけ事務局長だった元県議会議員の山田実さん、本当にありがとうございました。京都新聞滋賀本社代表の石川一郎さん、京都新聞出版センター長の岡本俊昭さん、寄稿を快諾くださった政治学者の御厨貴先生、帯を書いてくださった中村敦夫先生、そして出版に際し、力を貸してくださった方々に心から感謝申し上げます。

きらりと光る政治家

山田　実

おられます。

《人は誰も死ぬ》ということは理解しながらも、亡くなられたときに人一倍衝撃を受けるという人が

昨年（令和四年）九月にお亡くなりになった武村正義さんは、私が「県職員時代」「新党さきがけ時代」そして「滋賀県議会議員時代」のいずれのときにも大きな影響を受けた「政治の師」でした。

私の大学生活時代、公害問題が世間をにぎわし、企業の社会的責任論が大きな課題になっていたこともあり、民間企業や国家公務員への就職は余り気が乗らず、国際公務員か地方公務員の仕事に就こうかと思っていました。そんなときに地元八日市市に、ちょっと気になる政治家が。

当時三〇代の若い武村正義市長です。

武村さんは八日市市長として「サマービレッジ」「市民大学」「自転車都市宣言」など全国的に見てもユニークで面白い取り組みをされておられ、「この人はいずれ滋賀県知事になる。こういう人のもとで仕事がしてみたい。」という勝手な思い入れで滋賀県職員の道を選んだのが私と武村さんの出会いのきっかけです。

あとで武村さんに聞いた話では「知事という選択肢はまったくなく、市長やって実績をつくったあとは国政を目指していた」と。

武村さんにとって「知事」は予定外のことだったらしいです。

＊　＊　＊

昭和四十九年の春に私は滋賀県職員になり、その年の秋に僅差で現職知事を破り、四〇歳の武村知事が誕生します。

武村知事の誕生はご本人にとって想定外であったとしても、私の滋賀県職員時代は当初から〈武村流草の根政治〉の哲学とその実践でスタートしました。

「草の根県政」を旗印に「こんにちは知事です」「草の根ハウス」「土地開発公社問題」「県財政の立て直し」「湖と文化の懇話会」「文化の屋根委員会」「図書館行政」「美術館」「びわこ条例」「風景条例」「世界湖沼環境会議」「土に生きる県民運動」「大学誘致」「琵琶湖を生かしたイベントの開催」等々。

名称を列挙するだけでもワクワクするような武村県政の展開でした。

他府県とひと味違う武村県政が軌道に乗り、全国からも注目されるような実績を上げるようになると、それまで地味でうつむきかげんだった滋賀県民が「滋賀県民としての誇りと自信」を持ち始めます。

私はこのことが、武村さんの滋賀県知事としての一番の功績だと思います。

とりわけ、びわ湖の赤潮発生をきっかけに「美しいびわ湖を取り戻そう」と県民と県政が一緒になって「せっけん運動」が展開され、「びわ湖富栄養化防止条例」が制定され、「世界湖沼会議」という国際会議まで開催し、湖沼環境保全の分野で世界をリードする。

こうした草の根からの県政運営の積み重ねが、行政の専管領域であった公共の領域で、県民・地域・企業・学識経験者など多様な主体が協働し問題解決に取り組むという滋賀の自治スタイルを生み出します。

＊　＊　＊

あまりにも大きな刺激を受け続けた県職員時代だっただけに、武村さんが国政に舵を切られたあと、ある意味大きな空白を感じてしまい、平成三年に私は四〇歳で県庁を退職し、環境運動団体に関わります。

ところがその矢先、武村さんは平成五年に「新党さきがけ」を立ち上げ、解散総選挙の結果、戦後初の「非自民連立政権」が誕生。

「まずは二三回の選挙を経て、政権を担える政党としての地力をつける」と考えていた武村さんたちはいきなり政権のど真ん中での活動を余儀なくされ、組織、スタッフなど政党としての土台がまだ十分でない中での戦いがはじまり、私も夏ごろから新党さきがけのお手伝いをすることになりました。

慌ただしい門出でしたが、新党さきがけの存在感を示したのが、武村さんが滋賀県知事時代の経験も踏まえて示した日本の進路「小さくともキラリと光る国　日本」という国家ビジョンでした。

冷戦が終わり、55年体制が終焉した日本の進路はどうあるべきか。

この「小さくともキラリと光る」というフレーズには武村さんの政治哲学が詰まっています。

「小さな滋賀県を存在感のある県に高めてきた自信」

「主権者が誇りと愛郷心を持つ県づくりをおこなってきた自負」

それを国政においてもさらにダイナミックに進め、「大国主義」「普通の国」ではなく、「環境立国」や「緑のPKO」のような非軍事的な貢献で、国際社会の中で存在感ある日本を目指そうというビジョン。

気分が高揚したのを覚えています。

＊　＊　＊　＊

政治の表舞台で常に注目を浴び続ける一方で、「ムーミンパパ」と人々から愛され、「カラオケ（特に三橋美智也）」と「カモウリ」と「うどん」が大好きという、どこにでもいるおじさん。

政界引退後に地元の「自治会長」に就任して、「草の根自治」を自ら実践されていた武村さん。

この本では、武村正義さんが家族の前で見せていた心に残るできごとが語られます。

新聞・テレビが伝える政治・政治家の姿とは少し違う、もう一つのドラマです。

ドラマチックな八十八歳の生涯を終えられた武村正義さん。

故人を偲びつつ、この三十余編の「武村さんの物語」をぜひ読んでいただければと思います。


（元滋賀県職員、元新党さきがけ事務局長、元滋賀県議会議員）

武村さんをどう見るか

御厨　貴

このところよく知人が亡くなる。90年代の政治改革の主人公たちが、どんどん消えていく。武村正義さんの訃報に接して、その思いを強くした。武村さんは殊の外、私の印象に残っている。何故か。政治改革の時代を測るモノサシとして、私の頭の中で正反対の印象を与えるようになったからだ。それはどういう意味か。端的に言おう。初めは敵役として登場しながら、いつの間にか味方として立ち現われた。

実は、一九九〇年代初頭、少壮の政治学者の私は、政治改革の嵐の中にまきこまれていた。小沢一郎さんの政治改革の会の一員であった。そこであの『日本改造計画』作成の一翼を担い、小沢さんの話を聞いた。そこでの小沢さん周辺の話では、自民党の保守派主流ではなく、武村正義という〝改革派〟が小沢さんの当面の敵ということだった。細川政権が出来て以降は、官房長官をもぎ取り小沢さんに対峙し自民党と通じているマキャベリアンとして非難された。恐ろしいもので小沢さんに加担していると、敵味方の単純な図式の深みにはまり、ますます抜け出せなくなる。

しかしあれっと思うことは時々あった。ムーミンパパと親しまれ、「小さくともキラリと光る国」のネーミングには負けたと思った。メディアは何故マキャベリストとしてたたかないのか。ウーム。そして止めは、鳩山さんらから新党入党を拒否され、さきがけという政党が滅亡していった時だ。マキャベリアンなのにやられてしまった。自・社・さ政権の雄として大蔵大臣に登りつめた人なのに、何これは。ついには落選そして政界引退である。あれあれ。

私の武村さん評価はここで訳が分からなくなった。九〇年代の政治を長い間、描写できなかったのは、武村さんをどう捉えるのかの一点にかかっていた。わからない、わからない。

メディアを通してではなく、直接武村さんと定期的に会えるチャンスが、その後しばらくして到来した。二〇〇七年から二〇一八年までの12年間、私がTBSの名物報道番組『時事放談』の司会を務め、そのレギュラーとして武村さんが登場することになったからだ。何という縁《えにし》であろうか。私にとって評価の定まらぬ人との出会いが、とうとうめぐってきたのだ。

紹介者は、すでにレギュラーだった野中広務さん。「引退してさびしいやろうから、番組出したってや。元気でるわ！」そうなのか、元気の素《もと》なのかと感心した。その日武村さんはさっぱりとしたスーツをこなし、物めずらしげにメイクルームに入ってきた。待ち受けた野中さんが自・社・さ政権の同志以来という感じであれこれ説明し、武村さんはハーハーと聞いている。私は初めて挨拶をかわし、あら随分気さくで話やすそうなおじさまではないか。アブらぎったマキャベリアンとはほど遠いではないか。スタジオの中でも野中さんは武村さんに盛んにアドバイスをし、武村さんもまたそれによく応答していた。

これはうまくいくなと思った。それから実に55回も武村さんとはおつきあいをした。いつも飄々《ひょうひょう》として「やあ」とメイクルームに入り、「昨日まで中国に行っとった」とか、「明日から国内をまわるんや」とか、旅がお好きな方と知った。さきがけの資料を見にいくのに連れていってもらったり、東京での武村さんの贔屓《ひいき》の店でごちそうになったこともあった。そんな時、武村さんは難しい政治の話は一切抜きで、ちょっとした小話をしては、笑いこけた。

ある時武村さん、メイクルームに入るなりうれしそうに、「この番組、朝早いのに意外に見てるで」「えっ」「いやあ昨日、地元のJRの駅のホームで電車待っとったら、おばちゃんたちが寄ってきて、ああ武村さん、武村さんや」と一躍そこで有名人となった話だ。「引退したら誰もふりむいてくれんと思ってたが、テレビのレギュラーはすごい効果だな」と。

またある時は、メイクルームに入るなり、「御厨さん、細川さんの日記見たかい」「はい」武村さんは細川日記を握りしめ、日記にはフセンがたくさん入っている。「おかしいな、自分の認識とは異なることが多い」。確かにそういうことはある。だから武村さんには個人的に頼み、我が後輩にオーラル・ヒストリーをやってもらいブックフォームにしたのだ。そこでの武村さんの回顧は今だから言える話も含めて、きわめて明快で穏当だった。

そんな武村さんのメイクルームがにぎやかになった時期があった。さきがけ時代の番記者や関係者が、再び政権交代近しというので、武村さんの所におし寄せるのだ。武村同窓会は、番組録画のあと随所で開かれたようで、武村さんはとてもニコニコして「じゃあ」と手を振り足取りも軽く歩いていった。

武村さんの政治への語りは、どんな人についても徹底的にたたくということがなかった。いい点を探しながら「どうしてこうなったんですかな」とポツリ。決して雪隠詰《せっちん》めにしなかった。また政局の一つ一つにこだわるより、デモクラシー選挙制度、二大政党制といった政治の根幹をなすものとの関連で議論を尽くすのが常であった。味方としてこれくらい頼もしい人はいない。

武村さん、長い間、どうもありがとうございました。

（東京大学名誉教授　近代日本政治史）

武村正義　年表

歳	西暦	元号	月	武村正義	社会の出来事
0	1934	昭和9	8月	滋賀県八日市市で誕生。8月26日	室戸台風／「琵琶湖ホテル」創業
1	1935	昭和10			忠犬ハチ公が死去
2	1936	昭和11			二・二六事件
3	1937	昭和12			盧溝橋事件起こる
4	1938	昭和13			国家総動員法
5	1939	昭和14			ノモンハン事件／第二次世界大戦始まる
6	1940	昭和15			日独伊三国同盟締結
7	1941	昭和16	4月	玉緒小学校入学　（小学1年生）	真珠湾を奇襲攻撃
8	1942	昭和17		（小学2年生）	ミッドウェーで敗北
9	1943	昭和18		（小学3年生）	学徒出陣の壮行会

（10代　1944～1953年　昭和20年代）

10	1944	昭和19		（小学4年生）　母親が死去	レイテ沖海戦
11	1945	昭和20		（小学5年生）	広島・長崎に原爆／ポツダム宣言受諾／玉音放送
12	1946	昭和21		（小学6年生）	日本国憲法公布／大津市に近江学園開設
13	1947	昭和22	3月	玉緒小学校卒業	玉緒小学校に改称／初の知事選挙
			4月	玉園中学校入学　（中学1年生）	
14	1948	昭和23		（中学2年生）	新制玉園中学校開校
15	1949	昭和24		（中学3年生）　祖父が死去	湯川秀樹ノーベル賞
			この年	砲丸投げ、バスケットボールで県大会に出場	
16	1950	昭和25	3月	玉園中学校卒業	朝鮮戦争が勃発
			4月	八日市高校入学　（高校1年生）	
17	1951	昭和26		（高校2年生）　父親が死去	サンフランシスコ平和条約／日米安保条約調印
			12月	新聞掲載文をめぐって無期謹慎処分（処分反対	

				で校門前でビラまき。1ヶ月で解除）	
18	1952	和27	4月	生徒会長に就任（高校3年生）	血のメーデー
19	1953	昭和28	3月	八日市高校卒業	NHKTV放送開始
（20代　1954〜1963年　昭和30年代）					
20	1954	昭和29	4月	名古屋大学工学部に入学	玉緒村が合併し八日市市に／防衛庁・自衛隊発足
21	1955	昭和30	春	自分の進路を考えるため永源寺で修行	玉緒小学校本館完成／自由民主党結成
22	1956	昭和31	3月	名古屋大学教養部修了	国際連合に加盟／もはや戦後ではない
			4月	東京大学教育学部の3年生に編入学	
23	1957	昭和32		（東京大学教育学部4年生）	スプートニク1号
24	1958	昭和33	3月	東京大学教育学部卒業	東京タワー完成／一万円札発行
			4月	東京大学新聞研究所	
			この年	家庭教師や肉体労働のアルバイトを	
25	1959	昭和34	この年	結婚を認めてもらうために東京都庁交通局新宿	明仁親王・美智子様ご成婚

				電車営業所に勤務	／伊勢湾台風
			12月	結婚	
26	1960	昭和35	3月	東京大学新聞研究所修了	日米安全保障条約改定／60年安保闘争／TVカラー本格化
			4月	東京大学経済学部に学士入学	
			6月	学生運動に参加	
				長女誕生	
27	1961	昭和36	この年	「東大禅学会」「自動車産業研究会」創設	ソ連ヴォストーク1号地球一周／ベルリンの壁
			9月	国家公務員採用上級試験幹部候補者採用試験合格（甲種・経済職）	
			9月	自治省および地方公務員	
28	1962	昭和37	3月	東京大学経済学部卒業	キューバ危機／太平洋ひとりぼっち
			4月	愛知県庁に赴任／東京事務所勤務　自治事務官併任　大臣官房総務課	
			8月	愛知県総務部地方課行政係主事（自治事務官併任は終了）	
				長男誕生	

29	1963	昭和38	この年	後の総理府村田副長官の「新広域行政論」執筆に協力 ドイツ人神父の元でドイツ語を学び、ドイツ政府の留学生試験に合格	ケネディ大統領暗殺／第1びわこ学園開設／名神高速道路尼崎・栗東間が開通
（30代　1964～1973年　昭和40年代）					
30	1964	昭和39	2月	愛知県総務部税務課　企画係長	東海道新幹線開通／名神八日市IC開設／東京オリンピック／琵琶湖大橋完成
			9月28日	西ドイツ留学（行財政研究のため　ボン大学・ミュンスター大学）～1965（昭和40）年12月まで	
31	1965	昭和40	5月	自治事務官	ベトナム戦争／名神高速道路全線開通
			12月	西ドイツより帰国 （帰国後）自治省大臣官房企画室	
				祖母が死去	
32	1966	昭和41	この年	「草の根元からの地域開発」「西ドイツの開発政策」「地域分析の手法」「欧米の地域行政」など	ビートルズ来日／中国文化大革命

				の論文を発表	
33	1967	昭和42	5月	《自治研究》に「日本列島における均衡発展の可能性」を発表・田中角栄氏の目にとまり「田中事務所通い」始まる	大中之湖干拓完成／第3次中東戦争
			7月	主査に昇任	
			10月	自治省大臣官房企画室主査を辞任	
			この年	自民党「都市政策大綱」づくりに関与	
			11月	埼玉県事務吏員　総務部文書学事課長	
34	1968	昭和43	この年	論文「国土、地域、都市政策をめぐる基本的体制」を発表	滋賀県・ミシガン州友好姉妹提携／三億円事件
35	1969	昭和44	5月	埼玉県総務部地方課長（埼玉県下の各市町村に出向き町づくり行政の醍醐味を知る）	東大安田講堂に機動隊／アポロ11号月面着陸／東名高速道路開通
36	1970	昭和45	8月	自治事務官　大臣官房付兼大臣官房調査官	大阪万国博覧会開催／光化学スモッグ
			8月	自治省を退職。郷里の八日市に戻る	
37	1971	昭和46	4月	八日市市長選挙に立候補。当選	環境庁発足／ドルショック

38	1972	昭和47	この年	「森と水と屋根のある町づくり」に着手	（ブレトン・ウッズ体制の終焉）琵琶湖総合開発始まる／沖縄返還／成長の限界／日本列島改造論／日中国交正常化・共同声明／札幌オリンピック／山陽新幹線開通
				「何でも聞く課」設置	
			2月	「ゆたかな八日市への構想」議決	
			7月	最初の「自転車歩行者専用道路」開通	
			11月	市内の主な12工場と「みどりの協定」	
39	1973	昭和48	6月	末川博氏を学長に「八日市市民大学」開講	滋賀県総合発展計画策定／オイルショック／「日本沈没」
			6月	「行政ニュータウン」起工式（1975年6月に造成工事完成）	
			10月	全国で初めての「自転車都市宣言」	
（40代　1974～1983年　昭和50年代）					
40	1974	昭和49	3月	八日市市民憲章を制定	蛇砂川改修始まる／土地開発公社における土地転がし表面化／JR湖西線開通
			3月	「八日市市民の環境を守る条例」制定	
			7月	第1回サマービレッジが開催される	

			11月	滋賀県知事選挙に立候補。当選（最年少知事）	
			12月	第43代滋賀県知事に就任	
41	1975	昭和50	1月	「県財政非常事態宣言」発表	滋賀県土地開発公社の負債総額462億円を公表／滋賀県で「全国植樹祭」
			2月	「超緊縮型予算案」を編成（単独事業の50％カット、公共事業の20％カット、県補助金の20％カット、県主催行事の一年間中止、など）	
			3月	「超緊縮型予算案」は議会で増額修正される	
			5月	知事の諮問機関「土地開発公社対策委」が契約の全面改訂を提言	
			7月	「こんにちは知事です」スタート	
			11月	県職員給与を実質的に「2号俸引き下げ」	
42	1976	昭和51	4月	教育委員会に「文化振興課」を設置	ロッキード事件発覚／琵琶湖総合開発差し止め訴訟／西武百貨店大津店開店
			7月	「湖と文化の懇話会」設置	
			10月	「滋賀県土地開発公社問題の概要」を公表	
			11月	第1回琵琶湖淀川環境会議を開く	
			12月	県「文化賞」第1回贈呈式	

43	1977	昭和52	4月	「草の根ハウス」補助制度始まる	琵琶湖で大規模赤潮が発生／三全総「定住構想」
			4月	教育委員会の文化振興課を「文化部」に格上げ	
			7月	長浜の湖岸での「びわ湖を美しくする運動」に参加	
44	1978	昭和53	2月	県議会で「草の根県政」標榜	日中平和友好条約／滋賀県内で「せっけん運動」本格化／成田空港開港
			4月	「土に生きる県民運動」スタート	
			7月	遊佐雄彦著「琵琶湖を沸かせた男」（講談社）発行	
			9月	土地開発公社問題で6社と契約解除交渉合意	
			10月	滋賀県知事選挙に立候補。無投票で再選	
			12月	第44代　滋賀県知事に就任（2期目）	
45	1979	昭和54	7月	県長期構想策定、「国民休養県構想」提示	スリーマイル島原発事故／英国サッチャー首相就任／八日市市とミシガン州マーケット市が友好都市提携
			8月	滋賀県庁、全国官公庁初の「お盆休み」を実施	
			10月	「琵琶湖の富栄養化の防止に関する条例」（びわこ条例）可決・成立	
46	1980	昭和55	1月	「文化の屋根委員会」設置	衆議院解散総選挙／このこ

			7月	琵琶湖の富栄養化の防止に関する条例（びわこ条例）施行	ろ「校内暴力・家庭内暴力」
			7月	滋賀県立図書館移転、開館	
			12月	「水と人間」（第一法規出版）発行	
47	1981	昭和56	9月	第36回国体「びわこ国体」開催	第二臨調／米国レーガン大統領就任／東北・上越新幹線開通
			12月	琵琶湖総合開発事業の湖岸堤・湖岸道路の「湖中ルート」を「陸上ルート」に変更	
48	1982	昭和57	3月	琵琶湖総合開発特別措置法10年延長	琵琶湖遊覧船「ミシガン」就航／ホテルニュージャパン火災／フォークランド紛争
			4月	「琵琶湖研究所」創設	
			10月	滋賀県知事選挙で、無投票三選	
			12月	第45代　滋賀県知事に就任（3期目）	
49	1983	昭和58	3月	中国湖南省との姉妹提携	NHK朝ドラ「おしん」ブーム／東京ディズニーランド開業
			4月	この年から、龍谷大学の臨時講師として4単位を担当	
			7月	ミシガン州ランシング短大ギャノン学長と琵琶湖で遠泳競争	

			8月	琵琶湖フローティングスクール「湖《うみ》の子」就航	

（50代　1984〜1993年　昭和60〜平成5年）

50	1984	昭和59	4月	「湖国21世紀ビジョン」策定着手	グリコ・森永脅迫事件 滋賀県立図書館と湖南省図書館の交流が始まる／湖南省図書館に「滋賀友好文庫」／「湖南省に本をおくる運動」
			7月	ふるさと滋賀の風景を守り育てる条例（風景条例）可決	
			8月	県立近代美術館開館	
			8月	「びわ湖大花火大会」を始める（第1回）	
			8月	「LECS'84」の前夜祭コンサートにジョン・デンバーさん招聘	
			8月	大津で「第1回世界湖沼環境会議（LECS'84）」開催	
51	1985	昭和60	6月	第1回びわ湖トライアスロン大会開催	琵琶湖の水位マイナス95cm／つくば科学技術博／日航ジャンボ機墜落
			6月	びわ湖毎日マラソンの選手招聘のために北朝鮮を訪問	
52	1986	昭和61	3月	第41回びわ湖毎日マラソンに北朝鮮選手参加	米スペースシャトル「チャ

			6月	衆院選立候補のため知事を辞職	レンジャー」爆発事故／
			7月	衆議院議員（滋賀全県区）初当選（第38回総選挙）	チェルノブイリ原発事故／英ダイアナ妃が来日
				地球環境議員連盟を設立、事務局長に就任	
			7月	「草の根政治　私の方法」（講談社）発行	
				「ザ・ハート計画（新首都構想）」を提唱	
			8月	自由民主党全国組織委員会　地方組織局次長	
				自由民主党全国組織委員会商工局次長	
				自由民主党運動本部推進部長	
53	1987	昭和62	3月	バングラデシュ議員連盟幹事長	抱きしめてBIWAKO／国鉄民営化、JRに／NY市場「ブラック・マンデー」／大韓航空機事件
			6月	欧州等各国の環境保全状況等視察のため衆議院から派遣	
			12月	自由民主党政務調査会　緊急土地問題協議会事務局次長	
54	1988	昭和63	この年	インドネシア・タイ・フィリピンのジャングルなどを訪問。熱帯雨林の伐採問題などに取り組	リクルート事件／イラン・イラク停戦

				む	
			9月	石垣島空港問題の珊瑚礁保全に取り組む	
			9月	ユートピア政治研究会結成、会長に就任	
			12月	自由民主党政務調査会　環境副部会長	
55	1989	昭和64 平成元	4月	龍谷大学客員教授に昇格	昭和天皇崩御／元号が「平成」に／大津市に龍谷大学瀬田キャンパスが完成・開校／大津プリンスホテル開業／消費税スタート（3％）／宇野宗佑総理／天安門事件／ベルリンの壁崩壊
			1月	自由民主党政治改革委員会事務局次長	
			3月	地方制度調査会委員	
			5月	政治改革の仕事に没頭。「政治改革大綱」づくり（資産公開法、冠婚葬祭寄付禁止法など）	
			12月	「永田町下級武士たちの決起～政治改革に挑む」（講談社）発行	
56	1990	平成2	2月	衆議院議員当選（2期目）（第39回総選挙）	「連合滋賀」誕生／大阪花博開催／イラクがクウェート侵攻／台風19号で愛知川決壊／東西ドイツが統一
			3月	自民党環境部会長	
			3月	自由民主党国民運動本部副本部長	
			3月	地方制度調査会委員	
			9月	自民党訪朝団で北朝鮮訪問	

57	1991	平成3	7月	「地球の再緑化ビジョン」を国際会議で提案	全国初の「環境生協」発足／湾岸戦争が勃発／自衛隊初の海外派遣／信楽高原鉄道衝突事故／ソ連崩壊
			11月	自由民主党政務調査会　科学技術部会長	
			11月	裁判官弾劾裁判所裁判員に補欠選任	
58	1992	平成4	1月	自由民主党政治改革本部役員事務局長	ブラジルで「地球サミット」／PKO協力法成立／バブル不況始まる
			2月	自民党「環境基本問題懇談会」事務局長	
			夏	核実験の後遺症とアラル海の調査にカザフスタン訪問	
59	1993	平成5	1月	制度改革研究会を結成、代表に就任	「コープしが」発足／サッカーJリーグ／バブル不況／皇太子徳仁親王と小和田雅子さんが結婚／衆院選で自民党過半数割れ「55年体制」が終結／欧州連合（EU）発足
			6月	自民党離党	
			6月	「新党さきがけ」を結成、代表に就任	
			7月	「琵琶湖から、神戸から」（ほんの木）発行	
			7月	衆議院議員当選（3期目）（第40回総選挙）	
			8月	細川護熙内閣発足、内閣官房長官に就任	
			9月	臨時外務大臣の職務を行う国務大臣	
			9月	臨時大蔵大臣の職務を行う国務大臣	

			11月	臨時外務大臣の職務を行う国務大臣	
			11月	臨時内閣総理大臣の職務を行う国務大臣	
			11月	新版「琵琶湖を沸かせた男」（フットワーク出版）発行	
			12月	臨時外務大臣の職務を行う内務大臣	

（60代　1994～2003年　昭和6～平成15年）

60	1994	平成6	1月	臨時外務大臣の職務を行う国務大臣	政治改革関連4法成立／立命館大学びわこ・くさつキャンパス開学／向井千秋さん宇宙へ／関西国際空港開港／琵琶湖水位－123cm（史上最低）
			1月	「小さくともキラリと光る国・日本」（光文社）発行	
			2月	臨時外務大臣の職務を行う国務大臣	
			2月	臨時内閣総理大臣の職務を行う国務大臣	
			3月	臨時大蔵大臣の職務を行う国務大臣	
			3月	臨時外務大臣の職務を行う国務大臣	
			4月	臨時外務大臣の職務を行う国務大臣	
			4月	内閣官房長官辞任表明	

4月	羽田内閣閣外協力
6月	村山富市内閣発足、大蔵大臣に就任
7月	国際通貨基金総務会　日本政府代表
7月	国際復興開発銀行総務会　日本政府代表
7月	アジア開発銀行総務会　日本政府代表
7月	米州開発銀行総務会　日本政府代表
7月	投資紛争解決国際センター理事会　日本政府代表
7月	アフリカ開発銀行総務会　日本政府代表
7月	国際通貨基金の国際通貨制度に関する総務会暫定委員会　日本政府代表
7月	開発途上国に対する実物資源の転移に関する国際復興開発銀行及び国際通貨基金の総務会合同大臣委員会　日本政府代表
7月	多数国間投資保証機関総務会　日本政府代表
7月	欧州復興開発銀行総務会　日本政府代表

			7月	ナポリサミット参加	
61	1995	平成7	5月	「さきがけの志」（東洋経済新報社）発行	阪神淡路大震災／地下鉄サリン事件／1ドル79円75銭／「もんじゅ」でナトリウム漏れ／比叡山延暦寺が滋賀県初の「世界文化遺産」登録
			6月	国内の政党にさきがけてインターネットに「新党さきがけホームページ」を開設	
			6月	ハリファックスサミットに出席	
			7月	第17回参議院通常選挙で、さきがけ滋賀総力戦 奥村展三候補当選	
			8月	村山改造内閣発足、大蔵大臣に再任	
			9月	タヒチでフランスの核実験反対行動	
			11月	大蔵大臣として「日本財政危機宣言」	
62	1996	平成8	1月	橋本内閣・大蔵大臣辞任表明	第1次橋本内閣発足／普天間基地返還で日米合意／「旧民主党」結成／ペルー日本大使館で人質事件／琵琶湖博物館がオープン
			1月	フォーラム「日本の進路」（世話人代表）スタート。第1回会合を開催	
			1月	硬膜下出血で手術	
			4月	カザフ・ウズベク視察訪問	
			6月	中央公論に「このままでは国が滅ぶ－私の財政	

				再建論」を発表	
			7月	中国内蒙古自治区で「緑のＰＫＯ」植林活動を開始	
			8月	第2次橋本内閣・さきがけは閣外協力	
			8月	新党さきがけ代表辞任	
			10月	衆議院議員当選（4期目）（第41回総選挙・小選挙区比例代表制）	
			10月	選挙結果を受け閣外協力を決定（自民単独政権へ）	
63	1997	平成9	4月	村山氏・河野氏とともにドイツ、イタリア、イスラエルを訪問	25年間にわたる琵琶湖総合開発事業が終結／消費税5％に／アジア通貨危機／山一証券経営破綻／地球温暖化防止京都会議（ＣＯＰ3）
			6月	日中米安保の可能性を探るためにアメリカ、中国を訪問	
			8月	新党さきがけ学生部で「全国キャラバン」実施	
			10月	第二次「緑のＰＫＯ」中国内蒙古自治区クブチ沙漠植林活動	

			10月	現代に「日中米安保を提唱する」を発表	
64	1998	平成10	5月	新党さきがけ第1回党大会。代表に復帰	長野オリンピック／NPO法（特定非営利活動法）制定／「金融監督庁」発足。大蔵省の金融機関部門を独立／琵琶湖ホテル移転開業
			5月	中央公論に「まほろば連邦国家の提唱—経済主義から環境主義へ」を発表	
			5月	第三次「緑のPKO」中国内蒙古自治区クブチ沙漠緑化活動	
			6月	自民・社民・さきがけの連立体制を解消	
			9月	党名を「新党さきがけ」から「さきがけ」に改称	
65	1999	平成11	2月	「財政赤字を憂える会」を結成、会長就任	EU統一通貨「ユーロ」導入／「日の丸」「君が代」法制化／東海村JCO「臨界事故発生／男女共同参画社会基本法成立
			8月	第1次日中友好沙漠緑化植林活動実施（内蒙古自治区恩格貝）	
			12月	「日中友好沙漠緑化協会」を設立、会長就任	
66	2000	平成12	1月	心筋梗塞でバイパス手術	「介護保険制度」スタート／大津市でG8環境サミッ
			4月	腹部動脈瘤破裂で緊急手術	

			6月	衆院選で落選	ト／九州沖縄サミット開催
67	2001	平成13	3月	「さきがけ滋賀」が民主党に合流	1府12省庁制スタート／USJ開業／アメリカで9・11同時テロ／大津市で「第9回世界湖沼会議」開催
			8月	政界引退を発表	
68	2002	平成14	1月	「みどりの会議」に政党名を変更／「さきがけ」解党	EU通貨を「ユーロ」に統合／小泉首相訪朝、拉致5人が帰国
			4月	龍谷大学客員教授としてあらためて講義開始	
			10月	第2次日中友好沙漠緑化植林活動（ホルチン沙漠）	
			この年	西国33か寺を巡る	
69	2003	平成15	6月	新党さきがけ10周年	「個人情報保護法」が成立／地上デジタルTV放送開始
			この年	日経マスターズに「武村正義の清談訥々」連載開始 中国地方の33か寺を巡る	

（70代　2004〜2013年　平成16〜25年）

70	2004	平成16	4月	徳島文理大学大学院教授（〜2010）	自衛隊イラク派遣／新潟中越地震／県立高校通学区域を2006年度から全県一区とする条例案を滋賀県議会議決
			4月	毎日新聞に「きらり」連載開始	
			9月	第3次日中友好沙漠緑化植林活動（ホルチン沙漠）。所用のためこの年の活動には不参加	
			11月	旭日大綬章を受賞	
71	2005	平成17	6月	中国・江蘇大学で講演	平成の大合併で「東近江市」誕生／「愛地球博」開催／中部国際空港開港／郵政民営化関連法成立
			8月	第4次日中友好沙漠緑化植林活動（山西省・黄土高原）	
			12月	毎日新聞の「きらり」連載終了	
72	2006	平成18	1月	「私はニッポンを洗濯したかった」（毎日新聞社）	野洲高校が全国高校サッカー大会で優勝／北朝鮮が初の地下核実験
			8月	第5次日中友好沙漠緑化植林活動（山西省・黄土高原）	
			10月	北インド訪問	
			11月	後援者・有志により大津市の三井寺北院法名院	

				庭園に記念碑「きらり」建立	
73	2007	平成19	4月	地元「上《かみ》平《へい》蔵《ぞう》町《ちょう》」の自治会長に就任（1回目）	新幹線「栗東新駅」建設中止／滋賀県2造林公社債権放棄を求める特定調停／IPS細胞作成成功
			4月	麻布大学客員教授に	
			8月	第6次日中友好沙漠緑化植林活動（モウス沙漠）	
74	2008	平成20	3月	TBS「時事放談」に出演を始める	日本でiPhone発売／リーマンショック／びわこJAZZフェス
			8月	第7次日中友好沙漠緑化植林活動（モウス沙漠）	
75	2009	平成21	年間	TBS「時事放談」	オバマ大統領就任／大戸川ダム建設凍結／衆院選で政権交代、鳩山内閣誕生／第1回イナズマロックフェス開催
			4月	「小渕基金」（日中緑化交流基金）の基本協定署名のため北京・銀川訪問	
			8月	第8次日中友好沙漠緑化植林活動（モウス沙漠）	
76	2010	平成22	年間	TBS「時事放談」	「はやぶさ」イトカワから帰還／東北新幹線全線開通／広域関西連合発足
			8月	第9次日中友好沙漠緑化植林活動（モウス沙漠）	

77	2011	23	年間	TBS「時事放談」	東日本大震災発生・福島第一原発事故／なでしこジャパンW杯で優勝／1ドル=75円32銭に
			2月	「聞き書　武村正義回顧録」（岩波書店）発行	
			10月	第10次日中友好沙漠緑化植林活動（モウス沙漠）	
78	2012	平成24	年間	TBS「時事放談」	東京スカイツリー開業／衆院選で自公連立政権が復活／アベノミクス
			年間	麻生大学・龍谷大学・立教大学で講義	
			8月	第11次日中友好沙漠緑化植林活動（山東省・曲阜）	
			9月	中国アルタイ山脈へ	
79	2013	平成25	年間	TBS「時事放談」	日銀が物価2%目標／高島市の饗庭野演習場でオスプレイが初使用／特定秘密保護法が成立
			年間	麻布大学・龍谷大学・立教大学で講義	
			7月	「武村正義の知事力」（サイライズ出版）発行	
			10月	肝臓がんで手術（この年の第12次植林活動には不参加）	

（80代　2014～2022年　平成26～令和4年）

80	2014	26	年間	TBS「時事放談」	消費税8％に／東近江市で史上最高の38・8℃を観測／滋賀県の人口推計が48年ぶりに減少に
			年間	麻布大学・龍谷大学・立教大学で講義	
			4月	中国・香港のTV収録	
			9月	第13次日中友好沙漠緑化植林活動（ホルチン沙漠）	
81	2015	平成27	年間	TBS「時事放談」	東近江大凧まつりで100畳敷大凧が落下／琵琶湖保全再生法が成立
			8月	中国湖南省で講演	
			8月	第14次日中友好砂漠緑化植林活動（ホルチン沙漠）	
			11月	韓国ソウル（東国大学）講演	
			12月	韓国（嘉泉大学）で講演	
82	2016	平成28	年間	TBS「時事放談」	「安保関連法」施行／熊本地震／オバマ大統領広島訪問／長浜曳山まつりが「ユ
			4月	「ムーミン・ハウスの窓から」（中央公論事業出版）発行	

			4月	司馬遼太郎記念シンポのパネリスト登壇	ネスコ無形文化遺産」登録
			6月	第15次日中友好砂漠緑化植林活動(モウス沙漠)	決定
83	2017	29	年間	TBS「時事放談」	米国トランプ大統領就任／
			4月	地元「上平蔵町《かみへいぞうちょう》」の自治会長に就任（2回目）	「大津パルコ」閉店
			7月	せっけん運動40年イベントのパネリスト登壇	
			8月	第16次日中友好砂漠緑化植林活動（銀川）	
84	2018	平成30	年間	TBS「時事放談」	初代「うみのこ」引退、2
			9月	第17次日中友好砂漠緑化植林活動（長白山）	代目が出航／新党さきがけ
			11月	マレーシアへ	創設メンバーの井出正一氏、
					園田博之氏死去
85	2019	平成31	3月	心臓弁膜症手術	元号が「令和」に／ラグビー
		令和元	11月	第18次日中友好砂漠緑化植林活動（銀川）	ワールドカップTOKYO
			11月	憲法9条の改正に反対する首長・首長経験者に	で日本ベスト8／消費税
				よる「全国首長九条の会」を設立。共同代表に	10%に
86	2020	令和2	9月	「たたかう自治　知事武村正義物語」（風媒社）	新型コロナ感染が拡大／
				発行	「西武百貨店大津店」閉店

87	2021	令和3		社会的にコロナ感染拡大する中、自らの療養の一年	東京オリンピック・パラリンピック開催
88	2022	令和4	5月 9月	「滋賀首長九条の会」を設立 死去。9月28日（88歳）従三位に叙される	ロシアのウクライナ侵攻／安倍晋三元総理選挙中に射殺死去／ゴルバチョフ氏死去／エリザベス女王死去

（註：武村氏は旅行好きでした。この年表では、個人的な外国旅行は記載していません）

武村正義さんの88年の人生を、生まれた年から一歳ごとに追いかけてみました。誰もがおくる10代20代の「青春時代」、30代40代の「壮年時代」、50代60代の「成熟時代」、70代80代以降の「熟年時代」。それぞれの年の「国内外の社会の出来事」を参考までに付けています。武村正義さんの人生をプレイバックしてみてください。

山田実

最後の写真　2022. 5　母の誕生日に

本人が気に入って「僕が亡くなったら遺影にして」と言っていた写真
きらり碑（法明院）の前で

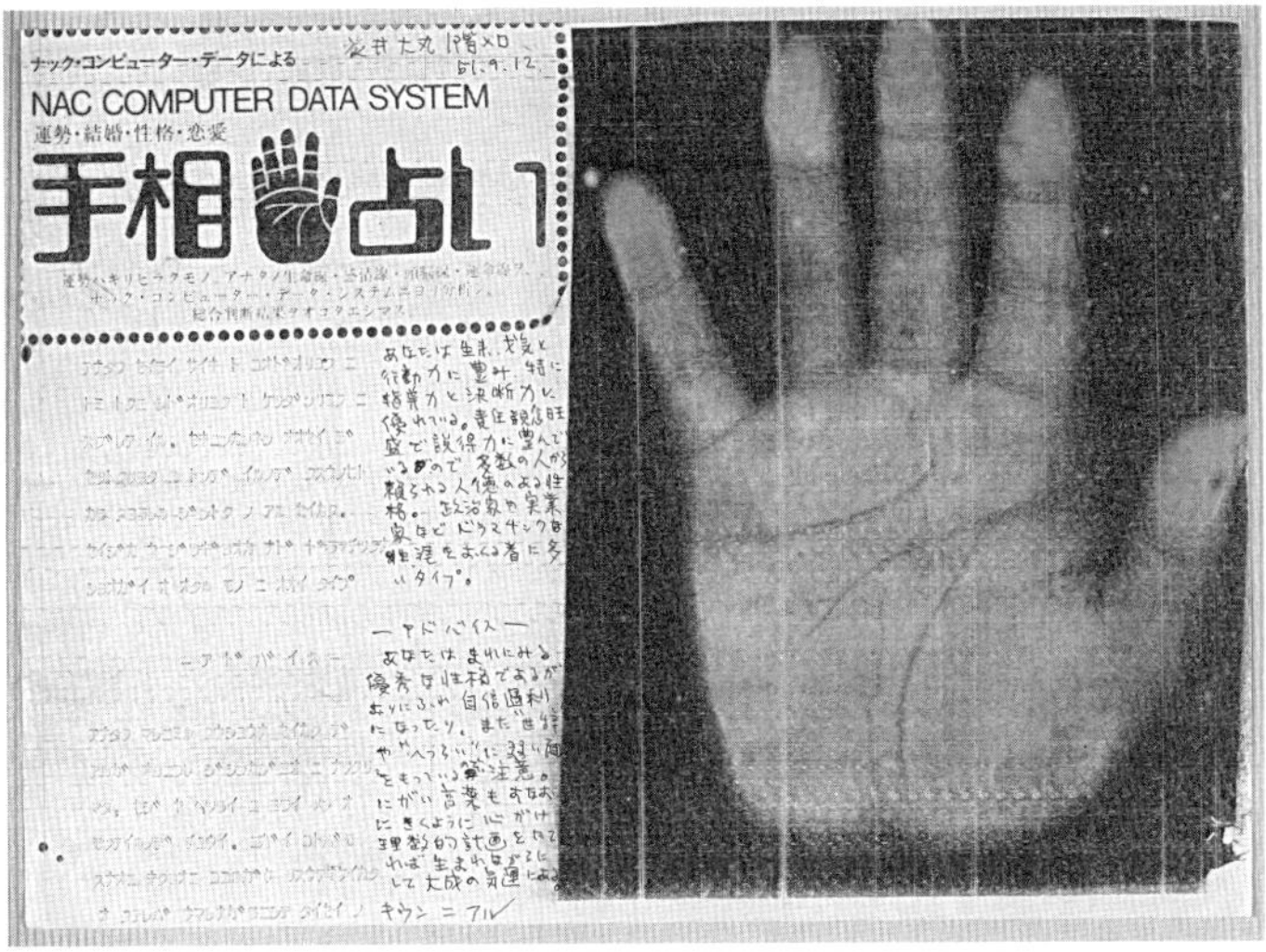

読みやすいよう本人がわざわざ書き直した手相占い　因みに血液型はO型

武村みゆき

三重県生まれ。政治家 武村正義さんの長男の妻。
正義さんの秘書として一時、衆議院会館で勤務した。
現在、滋賀県でレストランを経営する。

装丁・デザイン　株式会社メディアプラン　木村康子

素顔の武村正義　家族がみた政治家のあゆみ

発行日　2023年9月28日　初版発行
著者　武村みゆき
発行者　枚本修一
発行所　京都新聞出版センター
〒604-8578　京都市中京区烏丸通夷川上ル
TEL075-241-6192　FAX075-222-1956
http://www.kyoto-pd.co.jp/book/

印刷・製本　株式会社京都新聞印刷

ISBN978-4-7638-0779-3　C0095